レディ・アシュタール・ストーリー

ブライアン・K・グラハム

The Lady Ashtar Story

The Lady Ashtar Story
by
Rev. Dr. Brian K. Graham

はじめに

およそ三十年にわたり、光栄にも私は、十一次元のアセンデッドマスターであり、愛の大使であり、アシュタール銀河艦隊の司令官である、アシュタールの声となってきました。

これまで、世界中の方々と出会い、役割を果たしてきました。この素晴らしい方々とアシュタールとの間でパイプ役として働き、神の観点、つまり宇宙意識から見る機会をいただいてきました。それ自体、一人の人間が望み得る以上の祝福だと思っています。

アシュタールの声としてではなく、レディ・アシュタールとしてでもなく、テリー・サイモンズとして、どんな人生を送ってきたのか、どんな少女時代だったのか、どうやってアシュタールの声となる栄誉を得るようになったのか、これまで度々尋ねられてきました。普通の穏やかな少女時代と成人初期を過ごしたと申し上げたいところですが、これからお読みいただくとおり、おそらく私の経験は、皆さんが「普通」と呼ぶものとは違うことでしょう。

本書では、私の人生について、これまで尋ねられてきた質問の多くに、とても謙虚な気持ちで答えさせていただいています。これほど多くの方から私の人生を語るよう頼まれること自体、謙虚な気持ちにさせられることだと思っています。皆さんに感謝いたします。

光と宇宙の愛とともに　　テリー・サイモンズ

筆者より

時に私たちは、人生という道において、特別な誰かに出会うものです。または、特別な誰かに出会うために、道が曲がるのかもしれません。そして、まさにそれが、私に起こったことでした。テリー・サイモンズと出会い、その瞬間から、私の人生は大きく変わりました。

長年に渡り、私は形而上学を学び、様々な形のチャネリングにも参加してきました。ずっと、こういった仕事に携わっている方と知り合いたいと願っていました。そして、宇宙は、最もドラマチックな形で、その願いに応えてくれたのです。二〇一七年三月、テリー・サイモンズと私は結婚しました。

実を言うと、私はテリー・サイモンズと結婚し、同時に、レディ・アシュタールとも結婚したのです。二人は全く同じエネルギーというわけではありません。相次ぐセッションで、テリーが「ただのテリー」（テリーが好んでそう呼ぶのですが）からレディ・アシュタールになるのを、私は興味深く観察しています。本書は、オレゴンの森林地で育った少女が、いかにレディ・アシュタールとして世界の舞台に立つようになったかを語っています。

この本を書くにあたり、私はできる限り客観的になるよう努めました。しかし、実際のところ、どんなに客観的になろうが、次々明らかになる彼女の並外れた人生に、何度も仰天させられることになりました。

テリーとレディ・アシュタールは違うと申し上げましたが、この話には、皆さんに理解していただきたい三つ目の側面があります。それは、アシュタールはテリーではないし、アシュタールはレディ・アシュタールでもないということです。アシュタールは別の存在で、地上で物理的に存在するためにレディ・アシュタールを使い、できる限り多くの耳と心に普遍の真理を届けるため彼女の声と体を使うことを選んだ存在です。これはテリーのライフワークです。そして、私の人生の仕事ともなりました。

本書をお読みくださりありがとうございます。読者の皆さんが、本書のメッセージを通して、私たちの世界の多次元的側面について洞察を得られることを、テリーも私も願っています。

愛を込めて　　牧会学博士　　ブライアン・K・グラハム

contents

contents

contents

contents

第1章　幼少期

レディという名の小さな犬

chapter 1

幼少時代

二十世紀後半の四月二十五日、アメリカはオレゴン州のスイートホームという町で私は生まれました。スイートホームは小さな林業の町で、アメリカ林業の商業化によって、今では見られなくなったようなところでした。今立ち止まって考えてみると、スイートホームという名の町で人生を始められたなんて、なんて素敵なことでしょう。

その地で、私たちは三年を過ごしました。私たちというのは、林業に従事する父、専業主婦の母、そして一歳年下の弟です。

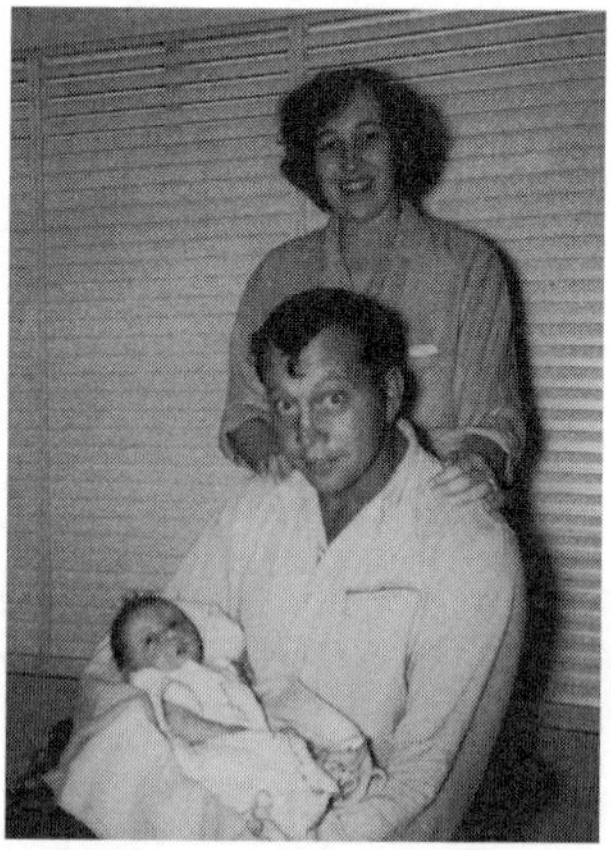

誇らしげな両親とテリー

私が三歳になる頃、私たち家族はオレゴン州のアルバニーに引っ越しました。父は業者を雇ってその地に私たちの新しい家を建てました。おそらく私の人生最初の記憶は、その後間もなくその新しい家の壁になる柱の間を走ったことです。私たち家族にとって、アルバニーで過ごした時間は素晴らしいものでした。その家で、私はよく何かを感じていました――人生が展開するとともに理解していくことになる、何かを。様々なエネルギーが通り過ぎるたび、それを感じることができました。まだ三歳か四歳だった私には、自分の感じていることが他の少女たちの感じていることと違うとは、知るよしもありませんでした。自分に特別な能力が備わっているだなんて知らなかったのです。

9ヶ月で一人歩きをマスター中

私が七歳か八歳の時に、初めて特殊な現象と呼べることが起きました。私たち家族は、レディという名の小さな犬を飼っていました。淡い赤色の混じった赤毛のフレンチポメラニアンでした。レディは、私たち家族にとって、言葉では言い表せないほど、とても大切な存在でした。私のベッドで寝ているレディを思い出すと、今も思い出がどっとよみがえってきます。弟と私が毛布をつかんで家中を駆けまわると、レディがそれを追いかけ毛布に飛び乗るので、よくレディを床に引っ張りおろしたものです。レディのお腹に腫瘍ができ――今思えば、それは乳癌だったと思いますが、小さな子供だった私には、レディがどれほど深刻な病気であるか理解できませんでした。

そんなある日、母はレディを獣医に連れて行ったのですが、それを聞かされていなかった弟と私はいつも通り学校へ行っていました。学校から帰ってくると、母は台所のテーブルに座り、両手で頭を抱え泣いていました。母は、ようやく話せるようになると、レディの病気が進行しすぎていて、獣医の判断で安楽死させるしかなかったのだと、私たちに告げました。私には母が何を言っているのか理解できませんでした。なぜなら、レディはいつもどおり私の隣にいて、私が学校から帰ってくるといつもそうしていたように、飛び跳ねたり吠えたりしていたからです。私は母に、レディはここにいるのだと一生懸命説明しようとしました。

「そうじゃないの、テリー。先生はレディを眠らせなければならなかったのよ。レディはもう天国にいるわ」と、母は言いました。それでも私は納得できませんでした。なぜなら、レディが、その時まさに私の隣から彼女の寝床のあるバスルームに走っていったのですから。私はその後を追って、レディはここにいる、たった今廊下を走っていったと、母に説得しようとしました。

バスルームに行ってみると、レディの寝床、お皿、おもちゃなど、レディが私たち家族の一員であったと示すものが全て消えていました。レディはもう我が家に存在しないという現実的な証拠があるにもかかわらず、しばらくの間、私は納得できずにいました。レディの姿が見えたり、近くに彼女の存在を感じたりしていた私には、レディがそこにいることは疑いの余地のないことだったのです。

この経験は、私のその後の人生を形成するような、とても感謝すべきことをもたらしてくれました。母は、レディが今も私たちの元にいるのだと言い張る私を叱る代わりに、命は肉体の死をもって終わるものではないと、私が理解する手助けをしてくれました。天国の神の存在について、私が理解できるよう優しく教えてくれたのです。母は、私を愛するがゆえに、自分の幼い娘にはこの世を超えた世界が本当に見えているのかもしれないと、慎重にではあるけれど認めてくれたのでした。

私はキリスト教徒の家庭で育ちました。私たちは、欠かさず教会に通うというほどではありませんでしたが、イースターやクリスマスといった主要な祝祭日や、結婚式などの特別な日には、近くのナザレン教会へ行きました。弟と私は、夏の間は定期的に聖書学校にも通いました。想像できるかもしれませんが、死後も命は続くことを――他の人には見えていないにせよ――すでに自分で見ている小さな少女にとって、聖書の言葉を暗記する環境に溶け込んだり、教えられた「真実」を疑わずに受け入れたりすることは、容易ではありませんでした。私は模範生ではなかったのです。控えめに言っても。

幼いころから宇宙の本質を理解していることが、私にとって（また聖書学校の先生方にとっても）いかに厄介なことになり得るか、それを示す出来事がありました。

私が六歳か七歳の時だったと思います。聖書学校の先生が私たちに十戒とキリスト教の特質を覚えさせようとしていました。私たちは聖書の中心的な話を教わり、十戒の暗記をしていました。どういうわけか、私は暗記にてこずっていました。そんなことは、私には時間の無駄にしか思えなかったのです。この日の授業では、先生が、聖書にあるマリアとイエスについての話と、イエスがどのようにして生まれたかを話してくれていました。その日、きっと私は議論したい気分だったのでしょう。「そんなこと不可能です。赤ちゃんが生まれるには、男の人と女の人が必要だわ！」と、先生に食ってかかりました。先生は反論しましたが、私もさらに言い返し、美しいとは言えない光景になってしまいました。言うまでもなく、このことによって、教会での私の評価は下がりました。六歳の若さにして、私の内なる「何か」の方が、一般的に自分にとって良いとされることよりも、より深く人生について理解していたのでした。

この経験を振り返ってみると、これほど幼い頃に他の誰も理解していないようなことを、私が知っていたのは興味深いことです。今振り返ると、教会が私を「普通」の考え方にはめ込もうとしたことに微笑まずにはいられません。そうそう、結局、十戒は全て覚えましたよ。自分のペースとやり方でね。

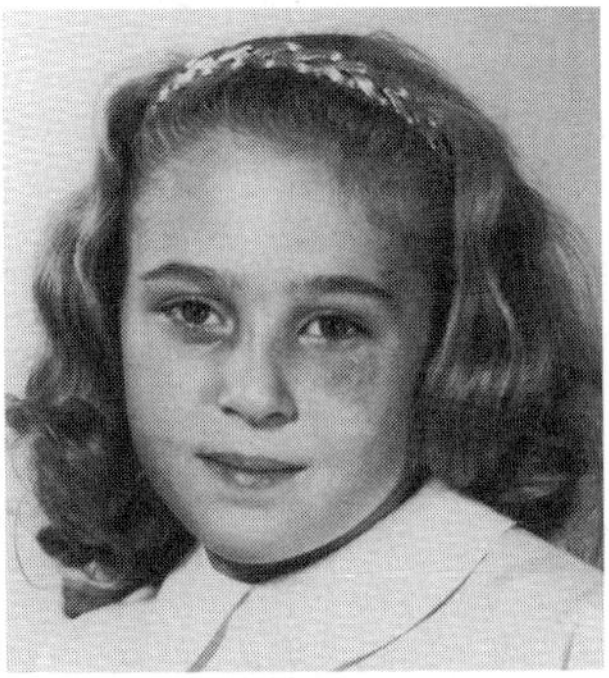
発疹から回復中　1958年

父

人生のある段階では、小さな少女の日常は、父親を中心に展開していくものですが、私の場合も例外ではありませんでした。父親とは数々の素晴らしい思い出があります。その中から、私が六歳から九歳の頃のいくつかをお話ししましょう。

すでに申し上げたとおり、父は林業に従事していました。林業という言葉を使うのは、その当時は、家族を養うため、木材の切り出しに関する様々な作業をしなければならなかったからです。父はドンキーエンジンを使うこともありました。ドンキーエンジンとは、近くの森林からやって来るトラックから、伐採された原木を吊り上げて降ろす集材機のことです。そこから山の斜面を転がして原木を川まで運び、父と叔父がそれらをまとめて大きな筏をつくります。筏は川を下って製材工場へとたどり着き、加工されます。父は時々、私か弟を伐採場の宿泊所に連れて行ってくれました。連れて行くのは、必ずどちらか一人ずつでした。きっと、木材が斜面を転がり降りるという、とても危険な場所だったからでしょう。そこで父は、チェーンソーの使い方や、どのように木を切り倒すのかを教えてくれました。

父は家族を養うため、毎日とことん働いていました。とことんと言うのは、製材工場で一日働いた後、毎晩叔父と一緒に働き、筏をつくっていたからです。

しかし、仕事ばかりというわけでもありませんでした。父が美しいフクシアのかごを作っていたことを思い出します。家の庭に生えているこけを使って、よく吊りかごを作っていました。かご本体は、父の吊りかごに惚れこんだ本物の職人による作品でした。様々なネジと釘の入った箱の中身を作業台に広げ、ちょうどよい留め具を見つけて、愛情込めて吊りかごを作り上げていく父の姿を、今でも心に描くことができます。

私は父が大好きで、チャンスさえあれば父と一緒にいたものでした。ある日（私が九歳の時）私は、トラックの上で作業する父を、道具を手渡すことで「手伝って」いました。父が車の下部周辺の作業をする時に車の下に入り込むのに使っていた、小さな車輪が四つ付いた道具――クローラーまたはクリーパーと呼ばれるものだと思うのですが――が、作業台の横の床に置いてありました。私は、その上に乗って、くねくね動き、作業台につかまりながら、前後にゴロゴロ動かしていました。それで、お察しのとおり、クリーパーから滑り落ち、作業台の角に顔面をぶつけ、前歯を二本折ってしまいました。間違いなく痛い思い出ですが、父と過ごせた時間を、この二本の歯と引き換えにすることはできないでしょう。

父とキャンプへ行ったことも覚えています。古いステーションワゴンに荷物を詰め込んで、一泊の冒険をしに、人里離れたところによく行ったものです。そこでは、テントではなく車の中で寝るのです。私が六歳か七歳の時には、父は自分のお気に入りの釣り場だったサンティアム川へ私を連れて行ってくれ、そこで釣り――釣り竿の持ち方や、釣った魚の処理の仕方など――を教えてくれました。父と私には特別な繋がりがあったのです。

バスルームには父が作りつけた棚があったのですが、小さな子供だった私は、その棚になかなか届きませんでした。すると父は、私のために小さな踏み台を作ってくれました。木工仕事となると、父はちょっとした職人で、私のクローゼットの中にも、ゲームやおもちゃやパズルをしまえるよう棚を作ってくれました。

父はテレビでローレンス・ウェルクを見るのが大好きでした。私は今でも、あのオーケストラの後ろから出てくるシャンパンの泡を覚えています。父の膝の上に座って、父と一緒にその音楽を聴き、曲に合わせて歌ったものです。父は、気分がとくに良いと、私を自分の足の上に立たせ、音楽に合わせて部屋中を踊ってくれました。父はこれ以上ないほど長時間働いた上に、こういったこともしてくれたのです。私の父は、心の底から家族を愛する良き父親でした。

私が十歳のある朝、目覚めた父は、母に自分が見た夢の話をしていました。私たちの家からそう遠くないところの曲がり角で、父がひどい交通事故に遭って死んでしまうという夢でした。しばらく話し合った父と母は、夢で見たような事故に遭う危険を冒さないように、その日は町を出ることにし、サンティアム川へピクニックに行くことにしました。さっそく私たちは、この思いがけないお出掛けの準備をし、出発しました。父と母はピックアップトラックのシートに乗り、私と弟と一緒に行くことになった私の友達はトラックの荷台に乗りました。まだピックアップトラックの荷台に乗ることが違法ではなかった、素朴な時代の話です。川沿いの私たちのお気に入りの場所に到着すると、母はピクニックの準備を始め、私たち子供三人は岩場へ向かい、くるぶしほどの深さの水で遊んでいました。

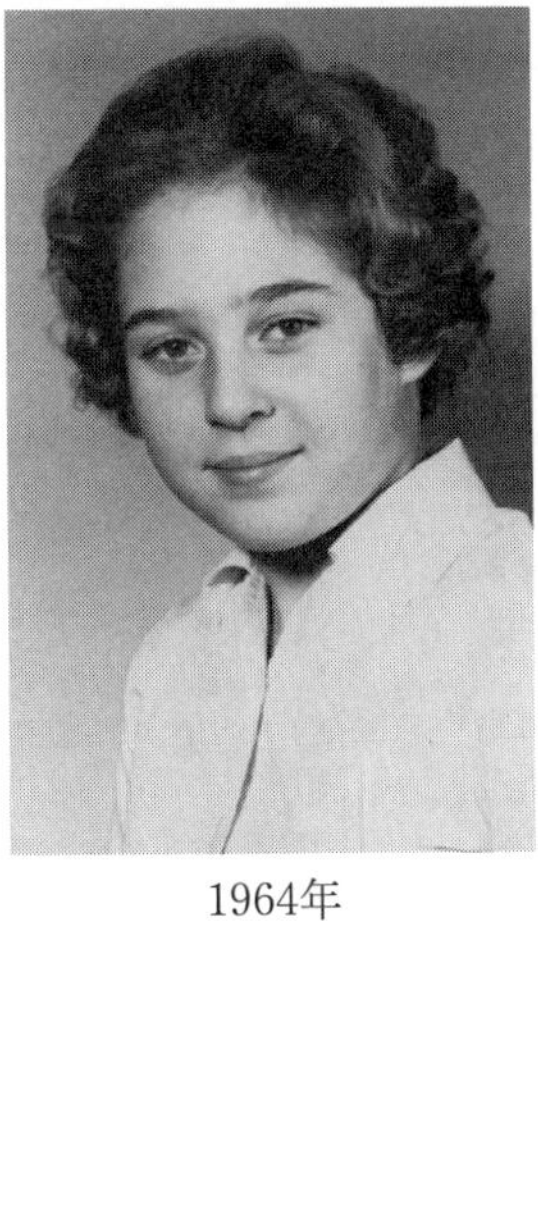
1964年

父は第二次世界大戦アメリカ海軍の退役軍人でした。それは、ある時点で水泳試験に合格していることを意味します。それに父は、下流の工場に向けて川を下る巨大な筏の上をスパイクの付いたブーツで歩き回って働いていたのです。私はちょうど立ち泳ぎを習得したところでしたが、すでに泳ぐのは得意

だったので、父に水にまつわる問題があるなんて夢にも思いませんでした。

子供の常として、いつの間にか私たちは、ピクニックの場所から近いくるぶしの深さのところから、もっと深くてもっと面白いところに移って水遊びをしていました。そこでなら立ち泳ぎの練習もできました。

父は車に何かを取りに行っていて、戻ってくる時に私たちが水遊びをしているところを通りかかりました。私は父が大好きだったって言いましたよね？習得したばかりの立ち泳ぎを見せて父に誇らしく思ってほしかった私は、父に川に入って私たちのいるところに来てと頼みました。最初は繰り返し断っていた父でしたが、私があまりにしつこく頼むので、ついには小さな娘を喜ばせたいという気持ちが勝ったのでしょう。私は父に立ち泳ぎを教えてあげると約束していたこともあり、娘を喜ばせたいと思った父は、私たちのいる川に飛び込みました。そして、それが、生きた父を見た最後の瞬間となってしまいました。三十六歳という若さで、父は死んでしまったのです。

後になって、父はいわゆる「シンカー」だったことを母が教えてくれました。父の体脂肪は極端に少なく体が水に浮かなかったのです。父は川の底まで沈み、そして戻ってきませんでした。私たちは急いで水から上がり、大声で助けを求めました。このような局面では時間は意味を失いますが、突然母が現れて、川に飛び込み、父を助けようとしましたがうまくいきません。何度も水中に潜って父を救おうとしましたが無駄でした。そして、水面に上がってきて「助けを呼んできて！」と、私たちに叫びました。私は、自分が人命救助法を習ったことがあるのだと母に説明しようとしましたが、母は助けを呼んでくるようにと叫び続けるばかりでした。

不安のあまり私はやみくもに走り、近くの森に迷い込んでしまいました。父は溺れているし、母は助けを呼べと怒鳴っている、そして私は一人森で道に迷っている――私は更なるパニックに陥っていました。

その午後、道に迷って怯えながら、どれくらいの時間さまよったのか、どれくらい遠くまで歩いたのか、全く分かりません。けれど、ある時点で、二人の女性に遭遇したことは、はっきりと覚えています。二人は一九六二年当時よく見られた服装をしていて、歳は十八歳から二十歳の間に見えました。彼女たちには、他に目立った特徴はありませんでしたが、ただ時折、少し透けて見えたかと思うと、またくっきりと見えるのでした。恐怖でうろたえている私を見て、彼女たちは、落ち着かせようとしてくれました。

ようやく何があったのか――父が溺れ、母が私に助けを呼びに行かせたことを――話せるようになると、彼女たちは私を川岸まで連れ戻してくれました。そこでは数人の男の人が父に人工呼吸を施しているところでした。私には彼らが父を殴っているように見え、私はさらに怯えました。私を川まで連れ戻してくれた優しいお姉さんたちにもう一度なぐさめてもらおうと振り返ると、彼女たちは跡形もなく姿を消していました。彼女たちは私の命を救うため神がよこしてくれた天使だったに違いないと、今でも思っています。

私は罪悪感に苦しみ、深く愛していた父を助けられなかったことに打ちのめされました。父の遺体が運ばれる時、弟は「溺れて死んだって言わないで。どうか、溺れたってだけは言わないで」と懇願しました。きっと、当局の誰かが彼の恐怖心を理解してくださったのでしょう。死因は心臓麻痺とされていました。

その後しばらくの間の記憶はぼんやりとしています。覚えているのは、ビジテーション（訳者注　日本の通夜に相当するもの）の日のことで、棺の中の父の頬が人工的に（そして、ひどく下手に）紅く染められ、唇は口紅が塗りつけられていて、私にはまるで父ではないように見えたことです。祖母の家に親戚中が集まっていて、大勢の人が一カ所に詰めかけていました。

最後にもう一度父と二人きりになりたいと思った記憶があります。葬儀に出席させてもらえないと知ったときは大変なショックでした。その瞬間に、周りにいた大勢の人たちが消えてしまったのを覚えています。父の死が、その後の私の人生にどれほど深刻な影響を与えたか、それを理解した記憶はありません。ただ言えることは、母が私の母だったことを神に感謝している、ということだけです。

母

三十四歳という若さで母は未亡人になりました。当時の習わしとして、母は専業主婦でした。成人してから一度も仕事をもったことがなく、車の運転を覚えたこともなかった母が、三十四歳にして、突如自分と小さな子供二人の全責任を負うことになったのです。

もちろん父が契約していた保険があり、保険金は当時としてはかなり妥当なものでしたが、今日とは比べものにならない額で、どんなに節約したとしても、残された家族三人が暮らしていくには到底足りませんでした。

この現実に直面し、母が見つけることのできた最初の仕事は、病院のカフェテリアでの仕事でした。これでしばらくの間私たちは何とか生きていくことができましたが、ギリギリの生活を私たちにさせることは、母の望むところではありませんでした。程なくして母は、何とか電話会社のオペレーターの仕事に就くことができました。しばしば長時間勤務や分割シフトがありましたが、結局、母の残りの人生でずっと留まることになった仕事です。その結果、この頃から母は不在がちとなり、弟と私は自分で自分たちの面倒を見なければなりませんでした。

母は私たちに、収入に応じた生活をし、将来のために貯蓄し、何も無駄にしないことを教えてくれました。そしてこれは、今でも私の習性として残っています。

今の仕事を通して神からもたらされる収入を考えると、私を滑稽に思う人もいますが。例えば、日本に滞在する際のホテルですが、大きな高級ホテルに泊まったほうがいいという人もたくさんいます。けれど母から教えられたことが教訓となって、広く豪華なロビーやルームサービスより、シンプルでも清潔で安全なビジネスホテルで十分だと思うのです。食事も贅沢はあまりしません。アシュタールセッションの長い一日が終わると、夕食は近くのコンビニエンスストアで買ってきた、キャベツサラダやフルーツ、またはサンドイッチをホテルの部屋で食べることがよくあります。服もホテルの部屋で手洗いします。お金を払って誰かに洗濯してもらうことは、私を落ち着かない気持ちにさせるからです。自分を謙虚に見せるためにこんなことを言っているわけではなく、これが母の教えてくれたことなのです。実践すべき、とても良いルールだと思っています。

母は、お手本を示して教えてくれました。父が亡くなった時、母は保険金の一部を貯金していました。それを日々の生活費として使うこともできたというのに。社会保障局から出る弟と私の生活保護の一部も、私たちの将来の学費、または私たちが人生で何かを始めるときのために貯金していました。分相応の生活をすること、将来に向けて計画すること、これらは母が私たちに教えてくれた素晴らしい教訓です。

また、母の愛情あふれる指導で家事も学びました。ミシンは母から教わったスキルの一つです。私が六歳の時、母は私に人形の服を作らせ、人形の服が上手になると、私は自分の学校の服を作るようになりました。やがて、義理の姉のためにウエディングドレスを縫うまでになりました。私たちは質素に暮らし、倹約する方法を学びました。私たちにはないものもたくさんありましたが、決してむやみに何でも欲しがったりはしませんでした。

母と一緒に果物や野菜を缶詰にする方法も覚えました。休みの日には、母とシナモンロールを焼いたりもしたものです。愛に満ちた広い心で母が私に教えてくれたことは、きりがありません。

これは一九五〇年代から一九六〇年代にかけての話ですが、仮に一八〇〇年代の開拓時代であったとしても、うまく生きるのに十分なスキルでした。母は、できる限りのことを私たちにしてくれたのです。それも、常に愛を込めて。

テリー　1968年

母は私たちを養うため長時間働かなければならなかったので、私が弟の面倒を見ていました。母は常に私に敬意をもって接してくれ、私の成長を認めてくれました。母は私たちを養いながらも、同時に私のベストフレンドでもいてくれました。けれど、当時の私たちを振り返ってみると、それは、ベストフレンド

というより、姉妹のような関係だったと言ったほうがよいのかもしれません。
そして、その関係は、その何年も後に母が他界するまでずっと続きました。

父の死から一年ほど経った頃――私は十一歳になっていたと思いますが――再び、大抵の人が超常現象と呼ぶような出来事がありました。ある夜家に帰ると、暖炉の傍に父が立っていたのです。それは生きている人間そのものでした。父は私たちに何かを求めている風でもなく、ただそこに立って私たちを見守っていました。それは本当に嬉しい出来事でした！　たとえ霊であっても、また父と一緒にいられることが私に深い幸福感をもたらしたのでした。

幼い頃の超常体験には、こんなこともありました。廃校になった校庭で友達とブランコに乗って遊んでいた時のことです。突如、その校舎の全てが分かったのです。かつての教室の風景――当時の生徒たちの様子や、教師と生徒たちの声など――を心に描くことができました。まるで自分がその場にいるかのようでした。その学校が閉校されてからもう何年も経っていたというのに。このような「分かる」現象は頻繁に起こりましたが、それらの体験を気軽に母に話すことができたので、それで動揺したり、私は変なのだろうかと思い煩ったりすることはありませんでした。これもまた、母が与えてくれたものの一つです。私は母の愛にとても感謝しています。

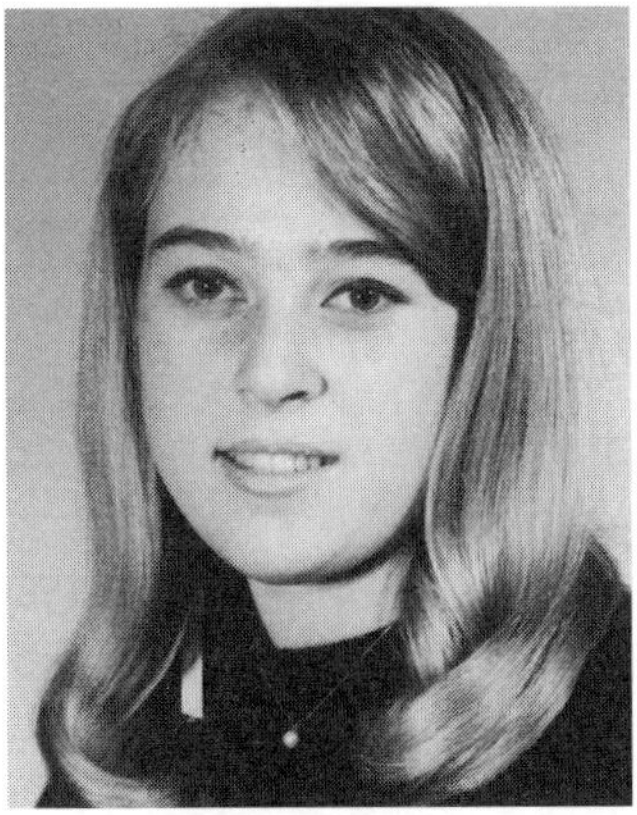
高校の卒業式

母と私は、私の三回の結婚で何年も離れて暮らしていた間も、この独特な母娘・姉妹関係を保ち続け、その絆は日に日に強まっていったようでした。

第2章 大人になって

白いトラック

chapter 2

テリー成人する

一九七〇年六月六日に高校を卒業すると、私はその年の六月二十七日に結婚をしました。母の家を出たくはありませんでしたが、独立したい気持ちはとても強くありました。ささやかながら結婚式を挙げ、私は純白のウエディングドレスを着ました。母と二人で探しに探して、そのジャケットつきの美しいレースのドレスを見つけました。教会の床に美しく広がるドレスの裾。そのドレスを思い出すと、今でも素晴らしい気分になります。

夫と私は、母が私たちのために取っておいてくれたお金を使って、ぼろぼろのトレーラーを一台買いました。予算が厳しかったので、自分たちでトレーラーの内部を取り除き、ぼろぼろのトレーラーを山小屋風のトレーラーハウスにつくり替えました。

木材のリサイクルが一般的になるずっと前のことで、建築現場や製材工場から、あとは燃やされるだけの木材を集めてきました。時には、取り壊された古い家の木材も再利用しました。私たちは二人で協力して、使い古しのトレーラーから家を作ったのです。

1973年　新しいバンと

私たちの小さな山小屋は、友人が使わせてくれていた片田舎の土地にありました。私はしばらくの間化粧品などを売ったり、夫が仕上げ大工の仕事をするのを手伝ったりしました。そして、この頃、西オレゴン大学に通い始めました。冬の週末は、近くのバチェラー山で、夫婦でスキーのインストラクターもしました。

一九七一年、私はオレゴン州立大学に編入しました。（頑張れビーバーズ！）（訳者注　ビーバーズはオレゴン州立大学の有名アメリカンフットボールチーム）私たち夫婦は、冬の間はスキーを教え続け、暖かい時期は、オレゴンの森へキャンプやハイキングをしに行きました。夫の依頼で私が仕上げ大工の仕事を手伝うこともよくありました。こうして、借地と小さなトレーラーハウスからステップアップするための資金を貯めていきました。

一九七四年に私がオレゴン州立大学を卒業し学士号を取得する頃には、私たちは貯めたお金で五エーカーの土地を購入することができました。それは美しい土地で、敷地には草が生い茂り、小川まで流れていました。まず私たちは、夫がオーダーメイド家具のビジネスを始められるように、そこに広い木工所を建てました。そして、もちろん、私も夫と一緒にそこで家具を作りました。

通勤しなくてもいいように、トレーラーハウスからその購入した土地に引っ越し、お金を貯めて自分たちの土地に自分たちの家を建てるために働きました。もちろん、貴重な休みの日には、それまで通りハイキング、スキー、キャンプにも出かけました。そして、ついに自分たちの家を完成させました。それは絵に描いたように美しい家でした。白い柵で囲まれ、庭にはカーネーションが咲き、一画には芳草も生えていました。私たちはその五エーカーの土地に、池や美しい小道のある日本式の庭園を造りました。春には桜が、秋にはシャクナゲが咲きました。私たち二人の生活は、まるでおとぎ話のようでした。

私はずっと教師になりたいと思っていました。子供の頃の遊びも、学校の先生ごっこが中心だったほどです。そして、その目標を達成するチャンスがやってきました。一九七六年、私は教員免許を取るため大学に戻りました。一方、夫は家具職人としてビジネスを立ち上げました。

私たちは、要するに、夢のような生活を送る子供でした。私はターボ付きのサーブか他の高級スポーツカー（全て支払い済）で大学の駐車場に乗りつけ、自転車で通学する学生たちを振り向かせていました。おそらく、かつて「ヤッピー」と呼ばれていた人たちのような生活を送っていたと言えるでしょう。私たちはとても幸せでした。

私は教職課程を修了し、被服、繊維、経営を専門分野とする家政学の学位を取得しました。そして、オレゴン州ジェファーソンのジェファーソン中学校で、初めて専任教師の職に就くことができました。教師の仕事は、期待どおり、あらゆる点において充実したものでした。

私は教師として働き、夫は家具職人として働く（私もそこで家具を作りました）ようになると、毎週末スキーに行くのは難しくなり、代わりにテニスをするようになりました。そして、リーグやトーナメントでプレイするような熱心なテニスプレーヤーとなりました。余暇は、スキーよりもセーリングへ行くようになりました。夫婦二人でかなりの収入を得られるようになったので、私たちは不動産に手を出し、賃貸不動産を二、三所有するようにもなりました。生活は快適で、私たちはいろいろな意味で夢を実現していました。一九八二年までは。その年、おそらく子供を持つことはできないだろうと、私は告げられるのでした。

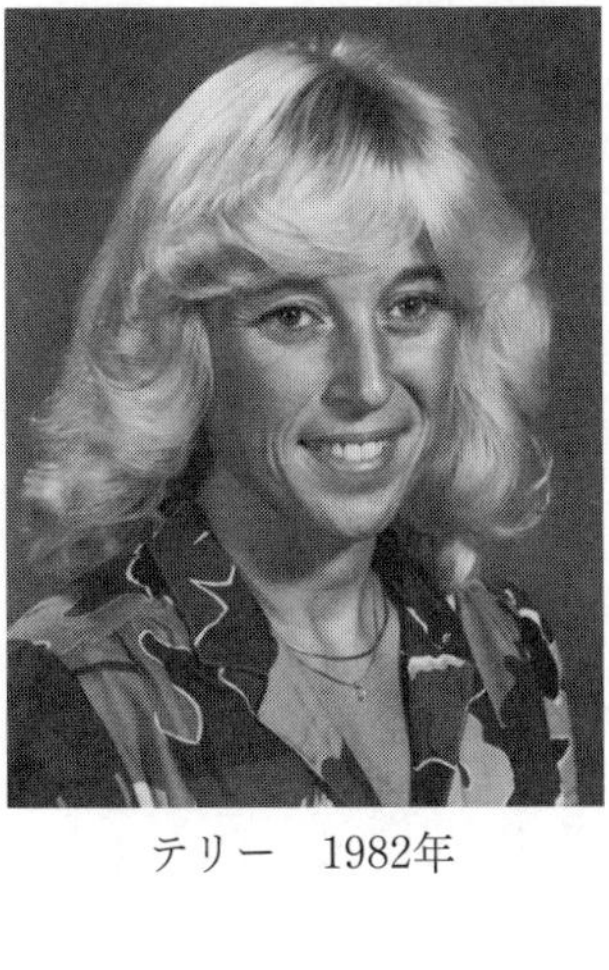

テリー　1982年

最初の挫折

一九八二年、子宮筋腫が見つかり、子供を授かっても私の子宮は臨月まで持ちこたえられないだろうということが分かりました。私たちはこの予期しなかった問題について話し合いました。未熟児の赤ちゃんを世に送り出すことについて。それが赤ちゃんにとっていかに大変なことなのかについて。一生耐えなければならない障害や苦しみがあるかもしれないことについて。妊娠しようとすれば、私の命も危ないかもしれません。それはつらい話し合いでした。私たちは共に泣き、また、それぞれが独りでも泣きました。しかし、間もなく、身体的障害の危険性があっても子どもを育てるかどうか決める必要はなくなりました。精密検査の結果、医師が子宮摘出の必要があると判断したからです。

私たち二人で共に歩むはずだった人生は、終わりを迎え始めていました。

この時期、私は子宮内膜症のため卵巣摘出手術も受けました。大工と教師として田舎暮らしをしながら親になるという私たちの夢は、音を立てて崩れてしまいました。その代わりに、私たちは三十フィートのヨットを買うことにしました。船で世界一周することを夢にしたのです。今になって振り返ると、なんて典型的な決断だったのでしょう。私たちは深い悲しみから逃げ出そうとしていたのです。

ここで、手術後入院中に体験した、従来の理解を超える出来事をもう一つお話ししたいところですが——母とカード占い入門書と一組のトランプに関わる出来事です——それは後に取っておくことにして、今は、この驚くべき体験のおかげで、私はカード占い（それは、私があっという間に上手になったものですが）を通して、初めて超常現象を扱う探検に乗り出した、とだけお伝えしておきましょう。

夫と私は、水上の生活に慣れてくると、週末には母港であるオレゴン州ニューポートから出て、太平洋を巡航するようになりました。最初は少しだけ出ては港に戻っていましたが、すぐに私たちが求めていた青く深い広々とした外海に行くだけの知識と自信を身につけました。やがて夏の間は、北はサンファン諸島まで行くようになりました。

その頃、私は中学校の教師をしていて、その仕事を心から愛していました。十一歳〜十五歳の生徒たちは、私が作成した家庭科と美術の個別プログラムを受けていました。教師というのはとてもやりがいのある仕事です。生徒たちの人生に触れるという特権を与えられた当時の思い出は、私にとってとても愛おしいものです。様々な点で、今でも子供たちとの関係を恋しく思いますが、その頃、私の家庭生活は変わりつつあり、夫婦関係も変わりつつあり、そして、海が呼んでいました。

これら全ての事が混ざり合って起こっている中で、私は引き続き予感や超常現象や霊の出現などを体験していて、それらがあまりに頻繁に起こるので、もはや普通でないという認識がなくなってきていました。

夫も変わってしまいました。結婚した当時は、私と同じように彼もクリスチャンだと言っていましたが、私は徐々に、彼の信仰心に疑問を抱くようになっていました。彼の言動は、どんどん不可知論者的になっていき、やがて無神論者と呼ぶしかないまでになりました。一緒に子供を持つことができないと判明するような、人生の大きな困難に直面した時には、女性でも男性でも、こういう風になり得ることは分かっています。それでも、私が教会に行ったり家に聖書を置いたりすることにすら反対する彼と一緒に暮らすことはつらいことでした。たとえ私に起こっていることの意味を明らかにすることができたとしても、私の霊的な体験を彼は受け入れないだろうという思いは、ますます強くなっていきました。

だからと言って、この時期の生活が刺激もなく面白くなかったというわけではありません。私たちは、白い柵で囲まれ、敷地内に小川の流れる、オレゴン山麓の私たちの理想の家から出て、ヨットで暮らし始めました。そして、オレゴン州、ワシントン州、カリフォルニア州の海岸線沿い、南はメキシコ、北はカナダ、そしてその間の土地々々へ冒険に行ったのです。ヨットの上の生活は、とくにフルタイムの生活となると、それまで経験したどんなものとも違っていました。私たちは自給自足の探検隊で、気まぐれに興味が向いた先に立ち寄っていました。このライフスタイルには自由な感覚があり、魂に同じ旅心を持つ他の人たちとチームを組むこともよくありました。

夜にキャンプファイアを囲んで、この外国の港での冒険談――バレーボールトーナメントやビューティーコンテスト、素晴らしい食事と海で捕れたばかりの新鮮な食べ物――についてお話しすることはいくらでもできますが、それは次の機会に取っておきましょう。

このうわべの自由と冒険の下で、私たち二人の関係の基盤は腐敗していきました。その腐敗は、おとぎ話のような生活となり得たものをむしばみ、急速に広がっていきました。

一九八七年、十七年間の結婚生活の後、私は決断をしなければならないことを悟りました

テリーと最初の夫　1971年

――不健全なだけでなく時に危険な関係となってしまったところに留まるのか、それとも、自分自身に忠実に生きるのか。私はその結婚を手放すことを選びました。そして、もっと自分の核となる信念に沿った関係を始めることにしたのです。その結果、自分の直観と神の声に従い、素晴らしい人々の助けを借りながら、私の人生は夢にも思わなかったほど豊かになっていったのでした。

ジョン

ジョンとは、この気ままな船旅をしていた頃に出会いました。彼は私より少し年上でしたが、私たち二人の神への信仰心は似ていました。ジョンのそばにいると、私は自分の心が穏やかに開くのを感じました。この信頼感は私の人生の様々な面に影響を与えていましたが、何より、その信頼感と穏やかさのおかげで、自分が、裸足で日に焼けたサイズ４の水着をまとった船乗りの放浪者となる前に、この世を超えた世界に心を開き始めていたことを思い出すことができました。マインド（心）の不思議、スピリット（霊魂）の不思議、そしてこの地球的次元を超えた不思議、これらの不思議を抱えた世界に。ジョンと一緒にいると、私はその頃の自分を再び信じることができました。夫の元を去る決断をすることは容易なことではありませんでした。再び自分を信じられるようになることも簡単なことではありませんでした。けれど、私の奥深くで、言葉では明確に言い表せられない何かが、私を呼んでいました。そして私は、それに応える必要があったのです。

夫とはメキシコ沿海を航海しているときに別れました。その後間もなくして、ジョンと共にオレゴンに戻りました。海上の放浪生活は、最後の数年はとても怖かったのですが、それにもかかわらず、私にとって海の魅力が完全になくなることはなく、それはジョンにとっても同じで、娯楽としてまた海へ冒険に出られるよう、私たちはヨットを保持することにしました。そして、私は教師の職に戻りました。それは、私にとって、他のものでは得られない喜びに満ちた仕事で、天職と言っても過言ではありませんでした。

人生の次の段階が始まる

静かで住み慣れた町に住み、貢献できると分かっている分野で働きながら、人生を満喫していたのに、突如、何の前触れもなく、全く異なる道を進んでいると発見するなんて、面白いと思いませんか？　それが、その時の私に起こっていたことでした。

子供の頃に私の生活の大部分を占めていた目に見えない世界――亡くなった父や愛犬のレディが現れたこと、物事が起こる前に何が起きるか分かることなど――について、私は十年以上の間、話すことはもちろん、考えることすら禁じられていました。しかし、それらの才能や使命が、私の元を去ってしまっていたわけではありませんでした。結婚の間ただ眠らされていただけだったことが分かったのです。

ジョンとキャンプに行っていた時のことです。私たちは、彼のピックアップトラックにキャンパーシェル（住居空間）を取り付け、快適な隠れ家にしていました。知らぬ間にそこで眠りに落ちていた私は、酷い夢を見ました。中央に分離帯のある四車線の道路の夢でした。明るい昼間で、アーチ形の窓のついたビルも見えました。ジョンと私は、その道路を横切って（本来横断すべきでない横断歩道のないところを横切って）いました。中央分離帯に差しかかり、ジョンが私の手首をつかんで引っ張ってくれているところに、白いトラックが猛スピードで迫ってきて、私は道路に落ちて、そのトラックに轢かれてしまうのです。「これを覚えていて！」という声で私は目を覚ましました。その夜、その夢は何度も繰り返されました。その道路がどこなのか、私が見たのは何のビルだったのか、特定することはできませんでしたが、翌朝目覚めた時も、酷くおびえるほど鮮明に思い出すことができました。

その朝ジョンが、街に出て少し買い物をしようと提案しました。私たちは、キャンプ場でしばらくせかせか動き回り、朝食を済ませた後、街へ向かいました。

二人でゆっくり街を歩いていると、急にジョンが私の手首をつかみ、建物に囲まれた道路を渡ろうと私を引っ張り始めました。とっさに前の晩の記憶が蘇り、顔を上げて見てみると、道路の真ん中には中央分離帯があり、道路の向こう側には夢で見たのと同じアーチ形の窓のついたビルがあるではありませんか。私はうろたえました。ジョンは私よりずっと大きかったにもかかわらず、私は彼をすぐ脇のれんが壁に押しやり「ダメ、ダメ、ダメ！」と叫んでいました。ジョンはその壁にぶつかって、文字通り跳ね返りました。それほど私の反応が強力だったのです。もう少しで足を踏み入れるところだった道路を振り返ると、猛スピードで白いトラックが走り過ぎていきました――夢の中で私を轢いたのと同じ白いトラックが。何とか少し落ち着きを取り戻し、ジョンを近くの横断歩道のあるところまで連れて行って、前の晩に見た夢――もう少しで現実になるところだった夢――の話をしました。

自分に特別な才能があることを思い出すための何かが必要だったのだとしたら、この出来事は十分にそのことを思い出させてくれました。自分の夢に耳を傾けること、自分の周りで起こっていることに注意を払うこと、そして自分の直観を無視しないこと、これらが必要不可欠であることを私は再認識することができました。そして、この再認識は、その後すぐに私を待ち構えていた未来で、大きな役割を果たすのでした。

別の日には、ジョンとオレゴン州スプリングフィールドの静かな通りをぶらぶら歩いている時に、一風変わったメタフィジカルショップ（訳者注　メタフィジカルとは形而上学的の意で、いわゆるスピリチュアルグッズを扱う店のこと）を偶然見つけました。近年の経験（訳者注　増え続けるスピリチュアルな体験のこと）のせいであまり気乗りしませんでしたが、ジョンはその店を見て回りたそうだったので、私も彼について店に入りました。そこには、クリスタルボウル、お香、水晶、本、タロットカードなど、こういった店に置いてありそうなものが全て揃っていました。私が店内を見て回っていると、ジョンが、私のためにサイカード*を買いたいと言ってきました。きっと私が気に入るだろうと店主から薦められたサイカードでした。

＊サイカードとは、タロットカードに似た占いカードの一種で、適切な訓練を受けた者が使えば、ほとんど何でも答えを引き出せる非常に有用なカードのこと。

もちろんジョンは、カードにまつわる私の体験談や、いかに私がカードリーディングが上手だったかを、私から聞いていました。私はそれほど購入したいと思いませんでしたが、その女性店主がとても親切にしてくれたので、結局そのカードと、他にもラトルと水晶を数個買って帰ったのでした。

私が不気味なほど簡単に、そして正確にそのカードが読めると分かるのに時間はかかりませんでした。私は事あるごとにそのカードを使うようになりました。さらには、その後もその店に何度も行き、カードや水晶など私の心に呼びかけるものコレクションを広げ始めました。

すでに申し上げたとおり、その頃私は教師として働いていました。オレゴン州スプリングフィールドの中学校で、まあ言ってみれば、教えるのが難しいと評判の生徒たちに家庭科を教えていました。先任の教師は、この生徒たちに悩まされ、ほとんど事前通知なしに辞めてしまったため、急きょ私がその仕事に就くことができたのでした。

私のことを物静かで、態度を明確にすることも少ないという印象を持っている方もいらっしゃるかもしれませんが、教師の私は、教室内の規律について明確な信念を持っていました。働き始めてすぐに、生徒の数名は、私のカリキュラムに、もっとはっきり言えば、どんなカリキュラムにも興味を持っていないことが分かりました。彼らにとって興味があるのは、教師を怖がらせ、逃げ出させることだけでした。私はそんなことは受け入れません。私は全力で彼らに教えました。彼らが規則に従わない時は、彼らが自分の過ちに気づくよう全力を尽くしました。学校運営陣は私の努力をほとんど支援してくれませんでしたが、他の教職員の友人たちが、生徒たちが私の身に危険があることをほのめかしているのを耳にしたと、こっそり教えてくれました。

ジョンと私は学校からたった数ブロック先に住んでいたので、私は歩いて学校へ行っていました。後で分かったことですが、その生徒たちの中で最も手強い生徒も、私の通勤路沿いに住んでいました。他の教員たちが、生徒たちが話しているのを聞いたところによると、生徒たちは私がどこに住んでいるか知っていて、私の動きを追っていたということでした。私は、生徒たちと学校運営陣という二つの相手と戦っていました。学校側は、具体的になりつつある生徒たちの脅迫のことなど、どうなろうが気にしていないようでした。私には、必要とあれば時には頑固にな

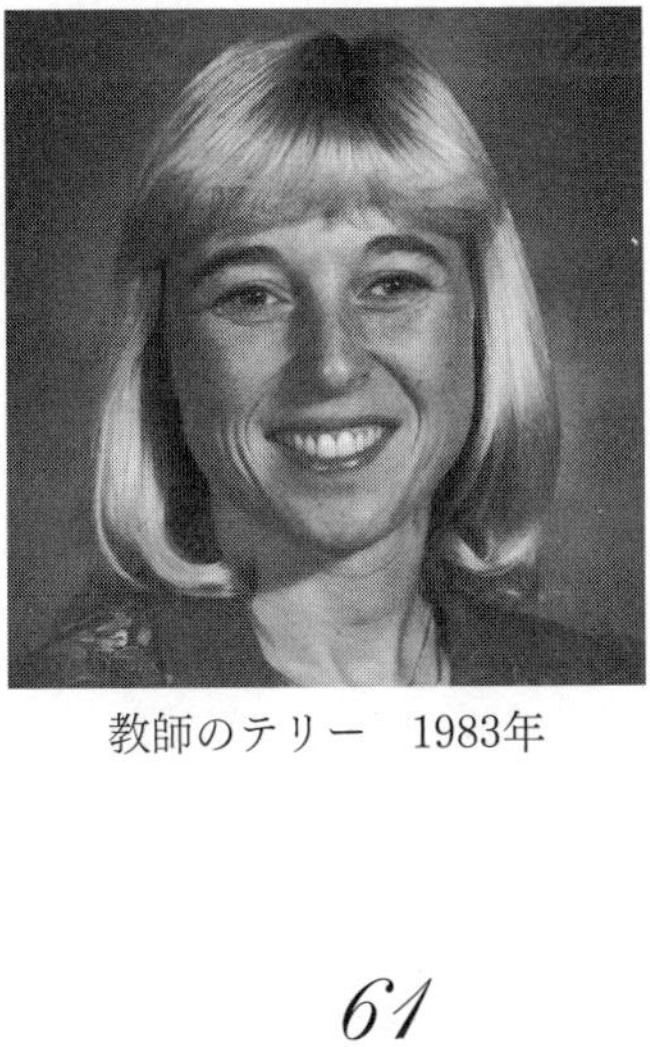
教師のテリー　1983年

るところもありましたから、自分の意見を曲げることなく、生徒にも学校運営陣にも怖気づいたりしないことを知らしめました。

カンザス

この頃、私たちにカンザスに引っ越す機会が訪れます。ジョンは彼の姉から、彼女の牧場にあるアンゴラ製品を造っている合弁会社で一緒に働かないかと誘われ、私もほぼ同じ時期に、その近くの学校で家庭科を教えないかと持ちかけられ、それで、私たちはカンザスへ行くことにしたのです。

カンザスは、控えめに言って、私たちが期待していた通りではありませんでした。ジョンが予定していた姉の牧場のビジネスはうまくいきませんでした。このカンザスの小さな町で用意された私の仕事もうまくいきませんでした。一九八九年のことでしたが、教師の在り方についての考え方が、まるで一八〇〇年代の開拓時代のようで、私のライフスタイルとは合いませんでした。私には教育に関する知識も経験も熱意もありましたが、若い女性が結婚していない男性、しかも十六歳も年上の男性と暮らしていることが、その小さな町の学校運営陣にとっては「契約違反」だったのです。

しかし、閉ざされる扉があれば、開かれる扉もあるものです。前にも言いましたが、教えることに私は情熱を傾けていました。ですから、自分で幼児教室を開くことにしたのです。同時に、特別支援が必要な子供たちを教えるビジネスも立ち上げました。また、従来の学校で障害児を教えるための資格認定課程も受講し始めたので、私の生活はとても忙しくなりました。

私が特別支援教育の資格認定課程を修了する頃、ジョンと私はアメリカ西海岸に戻ることについて真剣に話し合っていました。西海岸で、カンザスに引っ越す前に始めた船の改修を終わらせる予定があったのです。今回は、私にとって移動するという選択は、オレゴンから移動した時ほど明確なものではありませんでした。私は資格を取るために、まだ教育実習をしなければなりませんでした。そして、それはカンザスでやることになっていました。

二人でよく考えた結果、ジョンはカリフォルニアに戻って船に取りかかり、私はカンザス州ウィチタに引っ越して資格認定課程を修了することになりました。ジョンの親戚のところに住むことになった私は、荷物をまとめウィチタへと向かいま

弟とともに　さあ出発

した。正直に言えば、私は見捨てられたような気分でした。ジョンとは正式な婚姻関係のないまま、知らない土地で知らない女性と住むことになったのです。私の人生は明瞭さに欠けているようでした。

一方で私は、いつも感じていたのと同じタイプの予感を感じ続けていました。タロット占いや水晶などの形而上学的なことも続けていました。当時は、何が関わっているのか十分には理解していませんでしたが、それらは私にとって全く普通のことに感じられました。私にとっては日常的なことだったのです。私は誰もが予感を感じているのだろうと思っていましたし、誰でもタロット占いができるのだろうと思っていました。エネルギーワークは私の生活で全くもって当たり前のことでした。でも全ての人にとってそうではなかったのですね？

私は重い気持ちと大きな不安を抱えながらウィチタに移動しました。ジョンの親戚の家で、私は地下の部屋を与えられました。カンザスの家にも地下室があったのですが、私には地下室に対して特別な恐怖心がありました。この家の地下室はいわゆる「未仕上げ」と呼ばれるもので、壁の柱はむき出し、天井には空調管や水道管が走っていて、部屋は常に薄暗く、大人の女性にとっても気味の悪いところでした。ガタガタの階段を下りるためにこわごわと電気のスイッチに手を伸ばす時に、よく階段の下に歯から血をしたたり落としている剣歯虎のような何かが待ち伏せしているのが見えるのです。

そこに私の部屋があって、洗濯機も乾燥機も冷凍庫も地下室にあったので、私は日常的にその地下室へ行かなければなりません。暖房炉も地下室の暗い隅にあり、使い古した暖房炉しか出さないような固く鋭い耳障りな音を放っていました。その家の小さな犬でさえ、その地下室には怖がって入りませんでした。ですから、私に飛びかかろうと階段の下で身をかがめている剣歯虎はいないとしても、不穏な何かがそこにはいるのだと私には分かっていました。また、その何かは邪魔されたくないと思っていると私の直観が告げていました。私はもうずいぶん前から自分の直観に耳を傾けられるようになっていました。不穏な何かがそこにいる——それは私にとって初めて経験する感覚でした。

それまでにも亡くなった父や愛犬を見たことはありましたが、それはどちらも実物そのままに生き生きとしていました。率直に邪悪だと言える何かを経験したのはこの時が初めてでした。この感覚はとても恐ろしく、そして実に現実的でした。毎回地下室に行くたびに非常に大きな勇気が必要でした。

この地下室で起こった物理的な出来事——剣歯虎は関わっていませんが——は、ジョンの身にも降りかかりました。そしてそれは、地下室に住むことに対する私の気持ちにも影響を与えることになりました。

ある日、私が仕事に出ている間のことでしたが、ジョンは暖房炉の火をつけ直しに地下室へ行きました。彼もその地下室があまり好きではありませんでしたが、私が感じていた邪悪な感覚を認めようとはしませんでした。その日の午後家に帰ると、彼は居間の揺り椅子に腰かけていましたが、彼の顔は赤く焦げ、眉毛もまつ毛も焼けてなくなっていました。暖房炉に火を入れようとした際に火が噴き出したのでした。この不運な出来事に私が地下室で感じていた邪悪な存在が関係しているとは言いませんが、この出来事によって地下室に対する私の恐怖心が増したことは間違いありません。

見知らぬ土地で面識のないジョンの親戚の口車に乗せられ、彼は何百マイルも離れたところに住んでいるし、次にどんなことが私の身に起きるか予想もつきませんでした。その上、私が与えられたのは地下室の部屋で、寝室に行くには、暗くてガタガタの階段を下り、部屋の暗い隅から不気味な音が聞こえてくる、蜘蛛の巣だらけの未仕上げの地下室を通らなければならないのです。それも一日に三、四回も。唯一の救いは、寝室は塗装仕上げされた部屋だったことでした。ですから、危険で恐ろしい地下室の闇を横切って寝室に入ると、まるで逃げ込むかのように後ろ手にピシャリとドアを閉めていました。さらに面白いことに、トイレに行くには、寝室を出て地下室を横切らなければならず、再度その暗闇に挑むことになるのでした。

暗闇とそれに伴う恐怖の後には、夜明けと光があるものです。これは、ウィチタでの最初の数日間を言い表しているとも言えるでしょう。地下室の「暗闇と恐怖」の後に、この新しい生活の地には、自分と霊的に気の合う人たちが住んでいるという「夜明けと光」の発見があったのです。

ウィチタの新しい住まいに到着してから数日後、女主人のフィリスが、彼女とその友人たちで行うエネルギーワークに私を招待してくれました。エネルギーワークについて、その当時私がまだ知らなかったことは、何冊もの本になる程ですが、すでに申し上げているとおり、私は独学でエネルギーワークにちょっと手を出していました。ですから、喜んでそのグループに参加し、エネルギーワークについて学ぶことにしました。

フィリスは私を地下に連れて行き、秘密の部屋を見せてくれました。私はいつも恐怖のあまり地下室を全速力で横切っていたので、その部屋の存在には気づいていませんでした。彼女が柔らかなピンクのカーテンを引くと、そこにはメタフィジカルな不思議の国が広がっていました。部屋の中央にはマッサージ台があり、天使たちが宙に吊るされていました。部屋中にトーテムや像が置かれていて、私にはそれぞれの意味は分かりませんでしたが、そこにあった愛の感覚ははっきりと覚えています。そこには力強い愛のエネルギーが溢れていました。

その夜、私は初めてレイキと呼ばれるものを教えてもらいました。レイキとは、施術者を通して、クライアントが集束された宇宙エネルギーを受け取るエネルギーヒーリングです。クライアントは、横になっていても、座っていても、立っていても構いません。実際には、レイキの恩恵を受けるのにクライアントはその場に居なくてもいいのです。レイキは遠隔的に行うこともできます。私はこのエネルギーワークのことを漠然とは知っていましたが、この時まで自分で経験したことはありませんでした。

その夜、この部屋には五人か六人の人が集まっていました。一人ずつ順番にマッサージ台に横になり、その身体の上に、施術者が一連の特定の置き方で手を置いていきます。レイキマスターの指導のもと、私も自分の手でレイキを行ってみました。

何か誤ったことをしてクライアントに害を与えてしまいはしないか、それが最も気掛かりでした。最初のクライアントに手を当てると、心地よいエネルギーが足の土踏まずをどっと通り抜けるのを感じました。まるで夢の中にいるようで、エネルギーが私の体中を流れました。エネルギーが足から脚へと上昇するのを感じると同時に、最初は熱く感じ、それから冷たく感じました。それはまるで、自分の身体を通して地球の全エネルギーを引き寄せているような感じでした。まさに感慨深い感覚でした！

自分が感じていることを、習っている他の人たちに言いたくありませんでした。もちろんそのヒーリングを自分の手柄にすることはできません。そもそも、私はただ言われたことをしていただけなのです。最も重要なことは、その共有されたエネルギーの源が自分ではないことを直観的に理解したことでした。それは宇宙エネルギーで、その交流に参加できたことを大変光栄に思いました。

レイキマスターの指導のおかげで、私は何も恐れることはないと知りました。私を流れるエネルギーは、いつでもクライアントの体内の最適な場所にたどり着き、完璧なヒーリングがなされると分かったからです。

いよいよ私がマッサージ台に上がってヒーリングを受ける番がやってきました。正直に言って、一回目のセッションでは目を見張るほどのことが起こっているとは感じられませんでした。ただすっかりリラックスできただけでしたが、私は最初からレイキにすっかりはまってしまいました。

この新しい友人たちと一緒にメタフィジカルショップを探しては訪れ、（その種類によって特有のエネルギーを放つ）水晶や、エネルギーヒーリングに関する本を見つけると、片っ端から買い集めました。そして、最も影響を受けた本の一冊である、バーバラ・ブレナン*著『Hands of Light（光の手）』と出会ったのでした。

＊バーバラ・ブレナンは、私が本書を書いている今もなお、我々の内と周りに存在する驚くべきエネルギーを人々に伝えています。

ブレナン女史の本を読んで、私はオーラが見えるようになりました。彼女が本に書いているテクニックのいくつかを紹介したいところですが、ここではふさわしくないでしょう。オーラの見方を習得することに興味のある方は、ブレナン女史の書籍やワークショップを試してみることをお勧めします。

初めてオーラを見た時から、十分にその経験を得られたわけではありません。私がウィチタにいたのはたった六週間だったのです。それでも、なんと充実した六週間だったのでしょう！　その時まで意識レベルでは分かっていなかった多くのことが分かり始めたのでした。

自分が経験するであろうことを知るため、私はいつもの瞑想にエネルギーワークを組み合わせ始めました。ある午後、とても疲れていたので横になって少し昼寝することにしました。目が覚めたとき、私は蓮華座を組んで座っていました。本当に驚きました。身体に何のストレスも感じず、まるで宙に浮いているようでした。フィリスのところへ行き、たった今自分が体験したことを話すと、彼女は驚いた様子もなく、午後の昼寝を日々の日課にしてみたらと私に勧めました。もちろん私はそうすることにしました。すると、たちまち驚くべき深遠な経験をしたのでした。

ここで一つ明確にさせてください。これを皆さんにご理解いただくことは私にとって重要なことなのです。私が「聖霊」と言う時、私が「神」と言う時、または、私が「宇宙」や「存在せし全て」と言ったり、「エネルギー」について言及する時、私は同じもののことを話しています。唯一の普遍的な存在。その存在はエネルギーです。そのエネルギーは愛のエネルギーです。宇宙エネルギーを表現するのに私たち全員が同じ言葉や名前を使うべきだという考えに、私は捕らわれていません。もう少し後で愛ではないエネルギーに関わる話をご紹介しますが、そのような愛以外を表現しているエネルギーでさえ、実は唯一の宇宙エネルギーの一部なのです。ただ誤って使われてしまっているだけなのです。

私の昼寝の話に戻りましょう。私はとてもリアルな夢を見ました。手を伸ばせば、周りのもの全ての感触を確かめられるほどリアルでした。そこにはトーチを持った人が何百人、もしくは何千人といました。ほとんどが男性ですが、中には女性もいて子供も何人かはいます。私がいる見晴らしの良い場所とその群衆の間には、石でできたベンチの置かれたステージがあり、人々はそのステージを囲んで集まっていました。その群衆を見ていると、やがて威風堂々とした男性が少年を従えて壇上に現れました。その男性はほとんど何も身にまとっておらず、腰から太ももに布を巻いているだけでした。彼らが壇上に立つと、群衆から歓声が沸き起こりました。

この王室の男性（彼の立ち居振る舞いと群衆の反応から王室と言うのですが）は、石のベンチへと向かいました。歓声が続く中、同じく威風堂々とした王室の雰囲気を漂わせる女性が現れると、群衆の歓声は一層高まりました。彼女は古代エジプトと思われる衣装を身にまとい、頭には金の兜をかぶっていました。その兜からは蛇――おそらくコブラ――が宙にそそり立っていました。先に登壇した男性が群衆を静めると、女性が静まり返った大衆に向かって話し始めました。彼女が話しだすと（それはアジアの言語でもなければ私が今までに聞いたこともない言語で、私には何語か判別できない言語でした）、その言葉が私の口から出てくるのを感じました。それはまるで、私はその女性を見ていると同時に、私がその女性であるという状況でした。彼女がその社会に絶大な影響を及ぼす声明を発しているのは明らかでした。彼女のメッセージは群衆から歓迎されていました。彼女／私が話し終えると、群衆は再び、彼女／私と男性に声援を送り、歓声の中、私たちはステージを後にしました。

フィリスにこの夢の話をすると、彼女は熱心に聞いてくれ、そして、私がそれまでに聞いたなかで最も驚くべきことを口にしました。「テリー、あなたは過去世を体験したのよ」夢の中の人々の言葉が自分の口から発せられる時、それは単に他の場所、他の時代を訪れているのではなく、自分自身の過去世を訪れていることを示しているのです。

想像してみてください。午後の昼寝をしている間に、私は単に時代を遡っただけでなく、自分がある種の公人であった時代に戻ったのです。これを書いている時点で、私はエジプトに行ったこともなければ（夢で見た衣装や背景から、場所はエジプトであったと思うのですが）、古代エジプトを研究するエジプト学者でもありませんが、ぜひともエジプト「王家の谷」に行ってみたいと思います。その地に呼ばれている気がします。エジプトで博物館を巡ったら、あの壇上で私の隣に立っていた男性の姿を見つけられるような気がします。もしかしたら、私がかぶっていたあの金の兜が展示されているかもしれません。場所だけでなく、過去世の自分が明らかになるなんて、なんて心躍ることでしょう！

アシュタールに聞けば、その時の私がどういう人物だったか喜んで答えてくれることでしょう。けれど、それは自分自身で発見したいことにも思えます。

甥のブライアン、母、
姪のアンドリア　1989年

この頃の私は、レイキを学ぶだけでなく、タロット占いを上達させ、絶えず私たちの周りにあるエネルギーがどのように働くのかを理解しようとしていました。さらに、前世を生きていたという証をつかみつつありました。これがきっかけで、私は夢について学ぶ旅にも踏み出しました。幸運なことに、この学びを助けてくれる本は何千何百とあり、今でも家の書斎には、夢解釈に関する本が十数冊並んでいます。

ペンデュラムも、この素晴らしい六週間の間に見つけたものの一つでした。金の鎖のついた高価な水晶だけがエネルギーワークを行うペンデュラムとして効果があると言う人たちもいますが、それは真実ではありません。普通の女性同様、私もキラキラ輝くものは好きですが、実際のところ必要なのは、一方の端に重りがついていて、吊り下げて自由に振ることのできるものだけです。あなたがつけているネックレスでも、または、何か軽い重りになるものが付いたゴム紐でもいいのです。

ペンデュラムを使う時に最初にすべきことは、その道具との関係を築くことです。あなたの質問に対する答えがイエスであれば円を描いて揺れ、答えがノーであれば前後に揺れるということを、ペンデュラムと一緒に理解します。そして、そのペンデュラムに慣れる時間を設けます。「私は靴をはいていますか？」とか「私の髪はブロンドですか？」など、すでに答えを知っている質問をします。道具に慣れれば慣れるほど、その反応を正確に読めるようになります。私は、タロットカードを通して得たメッセージを明確にしたり、誰かに言われたことの信頼性を確かめたりするのにペンデュラムを使っています。自分が述べることに集中し、そしてその述べたことが真実かどうかをペンデュラムに尋ねます。

いろいろなやり方がありますが、常に（絶対に、常に）あなたを照らしあなたを通して輝く「宇宙の白い光」と繋がってください。人の役に立とうとして、いかに簡単に、逆に人から自分の命を救ってもらうことになり得るかを理解してもらえるよう、次の話（これもウィチタでの目覚めの時期に起こったことです）をご紹介します。

教訓的な話

私がそれまで何度も超常体験をしていたことは、すでにはっきりと申し上げたと思います。予知夢と言える夢を何度も見たり、死者が永遠に生きるのを見たりもしました。水晶やタロット、レイキに関する本を次から次へと読んでもいました。しかし、それまでに収集した全ての情報をもってしても、その頃まだ出来ていないことが一つありました。それら習得したもの全てがどう作用し合うのかを理解していなかったのです。

ウィチタでの六週間を振り返ると、宇宙の力を「かじる」なんてことはできないのだということをしっかり理解していたら、それまでに起こったことも、これからまさに起ころうとしていたことも、もっと効果的に対処できていただろうと思います。

無限の扉を開こうとする時は、その扉の向こう側に何があるかは分からないということをしっかり認識しておかなければなりません。闇の力というものも存在するのです。彼らはあなたに危害を及ぼすことなどお構いなしに、自分たちの目的を果たそうとします。私がすきを見せるのを待っている何かがいるとか、何かが私（または他の誰でも）を傷つけようと待ち構えていると、具体的に信じているわけではありません。ただ、痛みや恐れを餌にする存在がいるということです。彼らは、苦痛を与えたり恐怖を広めたりするチャンスがあれば、喜んでそこに介入していき、そのチャンスを利用するのです。この力、または存在は、真の宇宙の力——愛の力——に立ち向かうことはできず、払いのけられてしまいます。しかし、物質的次元を超えて存在するその危険をしっかり理解していないと、自分を真の危険にさらすことになります。ですから私は申し上げるのです。スピリチュアルなことを実践する時は、どんなことであれ、神の力である光の力があなたを守ってくれることを、どうか意識してください。スピリチュアルなことを始める前に、必ず白い光を呼び求めてください。

今からお話しするのは、私が一ヶ月ほど住んでいたウィチタにあるフィリスの家で、ある晩起こったことです。

私はサイカードリード占いをマスターしていて、私のリーディング能力は、たちまち評判となり広まっていました。その夜、パーティーのため数人が家に来ていました。その中の何人かが私にカード占いをしてほしいと言いました。その日集まっていたのは、いつものフィリスのパワフルなレイキグループメンバーだけではなかったので、多少浮わついた空気が漂っていました。

夜遅く、他の人たちが帰った後、数人——ある母親とその息子、フィリスと私と共通の友人一人——がカード占いをするために残りました。私たちは部屋にキャンドルや様々な水晶を置いて交霊会の雰囲気を作り、私はゲストのためにカード占いを始めました。

フィリスがある質問をしました。彼女の中ではもう答えの出ている質問でしたが、彼女は確認が欲しかったのです。それはイエスかノーの返事を求める質問でした。フィリスの答えを確認するため、私が最初のカードをめくったその瞬間、テーブルが床から六インチ（約十五センチ）ほど飛び上がり、そして、大きな音を立てて落ちました。フィリスは宙に浮いて、部屋の向こう側のランドリー室まで飛ばされました。他の三人は恐怖のあまり悲鳴を上げました。圧倒されていないのは私だけのようでした。三人が立ち上がって散らかったテーブルを片付けている間に、私はランドリー室へフィリスを助けに行きました。正直、私には何が起こったのか全く分かっていませんでしたが、フィリスは泣いて助けを求めていました。フィリスの元に行くと、彼女の目がとても変なのです。虹彩がなくほとんど白目だけになっていて、とても小さい瞳が白い眼球に浮いていました。私は彼女を両手で抱き、大丈夫か聞きました。彼女の状態が落ち着いたのを見て、テーブルのゲストの元へ戻ると、彼らが元通りにしてくれたテーブルで、青年がサイカードを持ったまま泣きじゃくっていました。

タロットカードは未知なるものを予言する、とてもパワフルな予言者だということを、どうか覚えておいてください。カードは、一組一組、その所有者にとって、とても個人的で特別なものです。カードそのものは単に印刷された厚紙ですが、カードが表すエネルギーの力や、カードと宇宙エネルギーとの繋がりは、一組のカードが存在するところにあります。カードに宿るエネルギーとカードの所有者との間の絆は、実践を通して築かれます。カードやその他の形而上学的なものは、所有者の許可なく絶対に触ってはいけません。

しかし、この青年は、テーブルの上のリーディング途中の私のカードを握っていました。直観的に、彼が「フィリスは死んでしまうのか?」と、カードに聞いたのだと私には分かりました。テーブルの上のカードは、私が知る必要のあることを全て示していました。この青年は、カードが示すことを全体的に理解するだけの知識を持ち合わせていなかったので、示された答えから誤った結論に至ってしまい、言い知れぬ恐怖を感じていたのでした。

私は彼をなだめながら、カードが全体としては何と言っているのかを説明していました。そこへフィリスが、まだあの気味の悪い目のまま戻ってくると、左腕を大きく振って、まるでかぎ爪のような手で私の右肩を殴ったのです。その痛みたるや凄まじいものでした。そのかぎ爪のような手を私の肩に置いたまま、普段の彼女の声とはまるで違う、とても低い声で「我々はお前たちと繋がれるのだ」と言うと、その手が下に落ちました。フィリスがよろめき座り込むと同時に、彼女の目は普通の目に戻りました。

私はフィリスを覗き込んで、「本当に痛かったわ。何てことをするの？」と言いましたが、当然ながらフィリスは、テーブルが宙に飛び上がった後に起こったことについて何も分かっていませんでした。部屋の向こう側へ飛ばされたことも覚えてなければ、泣いていたことも、私の肩を殴ったことも何も覚えていませんでした。そうこうするうちに、私の肩の痛みは腕まで広がり、ズキズキ痛み始めました。けれど、いくら痛くても、青年が読み違えたカードの解釈を続け、全体として明らかになったことを説明する必要がありました。

カードは「イエス」――フィリスは死ぬのだと示していましたが、それは物理的な意味でもなければ、すぐに死ぬという意味でもありませんでした。彼女は、仕事、プライベート、そしてスピリチュアル的成長において、人生の大きな変化の真っただ中にいました。この変化を遂げるには、過去の生き方は死に至る必要がありました。そう、フィリスは死に向かっていたのです――隠喩的な死に――そうすることによって、新たに長く幸せな物理的人生を送ることができるように。

カードセッションはそこで終了し、ゲストは帰り、私は床に就きました。けれど、私はくつろぐことができませんでした。右肩がとても痛かったからですが、私はそれを、テーブルが飛び上がってフィリスが部屋の反対側まで飛ばされた騒動の中で起こったこととして軽視していました。

翌朝目覚めると、私の肩、というよりは、今振り返ると腕全体がとんでもなく痛みましたが、学校へ教えに行かなければならなかったので、鎮痛剤を飲む以外、痛みに対処する余裕はありませんでした。しかし、日中その痛みは、利き手である右手が鉛筆すら握れなくなる程までに達し、私はどんどん不安になっていきました。実際のところ、私の腕は、まるでつり包帯をつけた時のように丸まり始めていました。

やっと学校が終わり、ホッとして家に帰りましたが、フィリスが看護師の仕事を終えて病院から帰ってくるまでの間が永遠のように長く感じられました。ようやく彼女が帰宅すると、彼女に腕の痛みのことを話し、右手で基本的なことすらできなくなっていることを告げました。看護師の彼女が私の腕を診ても、身体的に悪いところは何も見つかりませんでした。それから、彼女が私の肩を殴った、前の晩の出来事を彼女に話しました。やはり、部屋の反対側まで飛ばされたことも、不気味な目になったことも、かぎ爪のような手で私を殴ったことも、フィリスの記憶にはありませんでしたが、これらの詳細を話すと、フィリスはすぐに何が起こったのか理解し始め、「なんてこと！　大変だわ！」と、ゾッとするような反応を見せました。

フィリスはブードゥー教と黒魔術について簡単に説明してくれ、「繋がれる」とは何を意味しているのかも教えてくれました。非物質的な存在は、コードのようなもの、またはエネルギーの管を通じて、私たちと繋がることができます。このコードまたは管で霊的に繋がると、その存在は、相手のエネルギーを吸い取ったり、生命力を消耗させたり、極端な場合には、相手そのものを乗っ取ってしまうことができます。この現象を軽く考えるべきではありません。これは、肉体を持った我々人間の間でも起こり得ることです。世の中には、私たちのエネルギーを餌にする「エネルギーバンパイア」と呼ばれる人たちがいます。彼らが自分のしていることに気づいていない場合もありますが、それでも彼らと会った後、相手はすっかり消耗してしまうのです。思い出もまた、あなたと「繋がる」ことができます。過去の出来事を思い出して非常に感情的になってしまう時、その思い出に自分のエネルギーを引き渡していることにもなります。前の晩にフィリスがかぎ爪のような手で私の肩を殴った時に、私の中に入り込んできた存在が、私と繋がっていたのです。「繋がる」ことは、ブードゥー教や黒魔術で使われる魔術の一つで、こうして彼らは互いに結びつこうとするのです。

幸い、フィリスにはこれらの知識があり、前の晩に私に繋がったそのコードを断ち切るにはどうしたらよいかも知っていました。それで、彼女はスピリチュアル・エクソシスト（悪魔祓いの祈祷師）を呼びました。そうなのです、世の中にはそのような人たちがいるのです。彼らは、望ましくない存在に取りつかれた人を自由にするために、敢えて危険と分かっているゾーンに足を踏み入れるのです。いま一度警告しておきますが、どうかこういったことを独断で試したりしないでください。何が起きているのか本当に理解していない限り、事態を一層悪化させる可能性、さらには、その存在にあなたを乗っ取らせてしまう可能性が大きすぎます。

エクソシストの要請で、レイキグループのメンバー数名が家に集められました。皆が集まると、私はレイキで使っているマッサージ台に横になり、他の人はそれぞれ割り当てられた位置につきました。一人は私の頭に、もう一人は私の太陽神経叢《たいようしんけいそう》のエネルギーに集中し、もう一人はエネルギーの均衡を保つ手助けをするため私の足元に立ちました。そして、エクソシストは、コードが繋げられた私の肩の横に立ちました。

この悪魔祓いがどのように行われたのか、詳細はお話ししません——たとえお話ししたくても、処置中のことは、ほとんど知らないのです。処置が始まるとすぐに、レイキのヒーリングエネルギーが体中を流れ、コードを追い払うとともに涙が出るほどの強烈な痛みが私を襲いました。コードが右肩から左肩に移動し、そこからそのコードが次の餌食を求めて、まるでタコの脚のように体外に出ていくのを感じました。前もってエクソシストが助手たちにこの可能性に備えさせていたので、助手たちはその危険を認識していて、コードに繋がれてしまうことを避けることができました。

この侵略者が私の身体から追い出されるときの痛みも覚えています。処置が終わると、身体から噴き出した汗でびっしょりだったことも記憶にあります。

悪魔祓いの間、私は過呼吸になっていたのでした。

シャワーを浴び着替えを済ませると、レイキサークルに再び加わり、さらなるクレンジングとセンタリングを受けました。嬉しいことに、この時点で痛みもかなり和らいでいて、翌朝には右手は十分に使えるようになっていました。

カンザスでの経験が、今お話ししたような恐ろしいことばかりだったわけではありません。実に穏やかで素晴らしいこともありました。

ある日、内なる声に、横になって昼寝をするよう促されました。この内なる声は「My Keeper（わが守護者）」の声ではなく、とても親しみのある、もっと自然な声でした。

内なる導きに従うことが必要不可欠だということは、今までの目覚めの旅を通して分かったことですが、この目覚めの初期の段階においても、導かれたとおりにするよう心掛けていたので、私は横になりすぐに眠りにつきました。

すると、声が聞こえてきました。「我々は今からあなたの中に入りたい」と私に語りかける声が。

誰が何をしたいですって？と思ったことを覚えています。

再び「我々は今からあなたの中に入りたい」と繰り返されました。

「我々って誰？」と、私は尋ねました。

「目を開けなさい」という答えが返ってきました。

その時私は、起きているのだけれど十分には意識のない、覚醒と睡眠の間の素晴らしい場所にいました。目を開けると、天井近くの高い壁に自然と目が行きました。そこには、光の玉――バスケットボールほどの大きさの美しい白い光の玉――が宙に浮いていて、その声はその光の玉から聞こえていました。

「我々は今からあなたの中に入りたい」と。

その声はとてもはっきりしていて、一語一語発せられるたび光の玉は脈打ちました。

「あなたは誰？」

「それは問題ではありません」

「どうして私の中に入りたいのですか？」

その時点で言えたのはそれだけでした。

「それがあなたにとって最高かつ最善のことだからですよ」

脈打つ玉からの声が答えました。

「何のために？」

「将来あなたの助けになります」と、私の頭の中で聞こえました。

「それは痛いのですか？」

将来アシュタールに尋ねる質問を予兆するかのように、私は尋ねました。

「いいえ」と、玉からの声が答えました。

私は思いました――この光の玉は私に話しかけている、脈打っている、そしてそれは、私たちや壁や天井のようにリアルだ――だから、それが私にとって最高かつ最善で、痛くもないのなら、きっと大丈夫だ、と。

すると、光の玉から、横になっている私の元へ光線が伸びました。その光線は円周が光の玉そのものと同じくらいの大きさがあり、土踏まずから私の中に入ってきました。それは柔らかい感触で、足がチクチクしました。それから、そのエネルギーはくるぶしへと動き始め、くるぶしで止まったようでした。

今や聞き慣れた声が「助けが必要です」と言うので、

「どんな助けですか?」と聞くと、

「我々をくるぶしから引っ張ってください」と答えました。私は心の中で手を伸ばし、まるで靴下をはくかのように、エネルギーがくるぶしを通り抜けるよう引っ張りました。それで少しの間エネルギーは流れるようになったようでしたが、ゆっくりふくらはぎを膝へと上がると、そこでまた止まってしまいました。

この時、私のふくらはぎはブーンと低い音を立て、脚の毛は立っていました。声が再度助けを求めてきた時、このブーンという音を感じることができました。そこに横になったまま「わかったわ、できるわ」と思ったことを覚えています。目は閉じていましたが、そこに横になっている自分自身を見ることもできました。光に手を伸ばし、膝から光の上部を引っ張りました。光は、一旦膝を抜けると、素早く太ももを上がり腰の辺りでまた止まりました。

「我々を腰から引っ張ってください」

タイトなズボンを引っ張り上げるかのように、指を使って光を腰から引っ張ると、光は胴体へと急上昇し、体全体に温かい感覚が広がりました。ここで私は眠りに落ちました。

目覚めた時、体全体に心地の良い温もりを感じました。熱いわけではなく、穏やかな温かさでした。目を開けた時には光の玉は消えていました。そこに横たわりながら、全身で光の玉の鼓動を感じることができました。この時、光は本当に私になったのだと分かったのでした。

手を上げると、手から光が放たれているのが見えました。見下ろすと、体も光に満ちていました。私の体の周りには、白い光が一フィート（約三十センチ）から十八インチ（約四十五センチ）ほど広がっていました。細胞一つ一つが光に満ちているようでした。内側から光の玉の声がいま一度聞こえてきました。

「私たちは成功しました。あなたはもう光です」

再び眠りに落ち、目覚めた時には、光が私から発しているのはもう見えませんでしたが、光の温もりが全身に満ちているのを感じることができました。今でもその温もりは私の体の中に存在しています。今ではこの光は神の愛に抱かれた光だったのだと思っています。それは純粋な白い光でした。

この経験を振り返ってみると、光が完全に私の中に入って目覚めた時は、部屋に浮いて私に話しかけていた光の玉の声を聞くこともまだできましたが、その時にはもう、それは完全に私に統合されていたことが分かります。外の声であったものが内なる声になったのです。その時には分かっていませんでしたが、私はアシュタールとの融合に向かって進んでいたのです。

この節のタイトルを「教訓的な話」としました。なぜなら、チャネリングでもタロット占いでもウイジャ盤でも、物質界を超えた存在と繫がるための何らかの方法に挑戦しようとする人にとって、それがゲームではなく「遊ぶ」ものではないということをしっかりと理解することが非常に重要なことだからです。実践するには、勉強と準備と訓練が必要です。経験を積んだ人が行っても、予期せぬことは起こり得ますし、起こる時にはあっという間に起こってしまうのですから。

天使の声が聞こえる！

そうです、私には声が聞こえます。生まれてからずっと頭の中で声を聞いてきました。これらの声と会話し続けています。これらの声によって問題を解決したり、嬉しいことを再体験したりしています。

きっとあなたも声を聞いています。けれど、単に自分自身と話していると思っているかもしれません。これらの声はとりとめのない物思いをはるかに超えるというのが私の考えです。宇宙とコミュニケーションを取る一つの手段だと信じています。

レイキに初めて触れ、地球の真のパワーが自分の足を通るのを感じたり、深い瞑想中、いつの間にか横になった姿勢から蓮華座を組んでいたり、オーラが見えるようになったり、タロット占いの才能を発見したり、夢の中で過去世を体験したり、宇宙のヒッチハイカーにコードで繋がれたり——これらの経験は、カンザス州ウィチタで六週間のうちに一人の人が経験するには十分だと、皆さんは思われるかもしれません。あるいは、宇宙には時間の概念がなくて、私たちの言うような十分だという発想は宇宙にはないと考えられるかもしれません。

宇宙はユーモラスでドラマチックな素晴らしいセンスを持ち合わせていて、

それによって私は、ウィチタでの最後の週に、真の目覚めへと前進することになります。

その夏、私は特別支援教育の教員資格取得のため、いわゆる難しい生徒たちを教えていました。難しい生徒には、常に課題をやる気にさせる方法を見つけなければなりませんでした。その時の課題は、戯曲『ジュリアス・シーザー』を読むことで、私は生徒たちに読んだらご褒美にその映画を見せてあげると約束していました。

この「飴と鞭」の手法が功を奏して、クラス全員が読書をしてきたので、ある蒸し暑い夏の午後、私はその映画を彼らに観せていました。映画鑑賞のため暗くした教室で、ありがたいことに生徒たちが皆そのご褒美を楽しんでいた時、突然右の方から、とても男らしいとても大きな声で「テリー！」と言うのが聞こえました。

学校で私のことをテリーと呼ぶ人はいなかったので、これは不思議なことです。私は「先生」もしくは「ドレザル先生」と呼ばれていました。クラスの誰かが呼んだのかと思い、辺りを見回してみましたが、全員が映画を観ていました。廊下を覗いて、誰かがそこで私を必要としているのではと確認してみましたが、廊下には誰もいませんでした。何も聞こえてなんかなかったのだと自分に言い聞かせ、教室に戻り、お気に入りのシーン――イエスが崖の上に立ち病人たちを癒すシーンを観ていると、再び同じ男の人の声で「テリー！」と言うのが聞こえました。今度は左の方からでした。私はトラブルか何かだと思い、廊下に飛び出し、そして、誰かが本当に困っているのだと思いながら校庭に飛び出しました。

正直なところ、私は不安で取り乱しつつありました。廊下にも外にも何も異常がないことが分かると、自分がおかしくなってしまったのではないかと思い始めました。すぐにでも家に帰ってフィリスにこの話をしたいと思いました。

フィリスが帰宅すると、私は彼女の目を真っすぐに見据えて言いました。「もし私が精神病院に入れられる必要があるなら、そうしてくれる?」そして、学校で一度ならず二度も名前を呼ばれたけれど、その声の主が居なかった話をしました。フィリスは呆れていました。少し笑ってさえいました。そして、「彼に名前は聞いた?」とだけ私に言いました。

「名前を聞くですって? 精神病院に行く必要があるのはあなたの方だわ!」

それ以外、言うことを思いつきませんでした。

フィリスは微笑んで、「次回は名前を聞いてごらんなさい」とだけ言うと、立ち去ってしまいました。

六週間弱の間に、大抵の人が一生のうちに経験するよりも多くの異常な体験をしていたので、もう驚くにはあたらないのですが、翌朝、車で学校へ行く途中、気がつくと私は、生まれてからずっと支えになってくれていた頭の中の小さな声と会話をしていました。この内なる声は、私の天使――私を導く愛すべき天使だと思うようになっていました。いつものようにおしゃべりをしていましたが、その朝は、その聴き慣れた、明るく女性的な声が、いつもより少しだけ低いことに気がつきました。声色が違うだけでなく、振動もいつもより大きいようでした。

すぐに察し、「昨日私に話しかけてきたのはあなたですか？」と聞くと、内なる声から肯定する答えが返ってきました。

フィリスに言われたとおり、「あなたのお名前は？」と聞いてみました。

「教えられません。まだその時ではありません」というのが返事でした。私には頑固な一面もあるのですが、その時にその面が現れ、「名前を教えてちょうだい！」と、多少けんか腰に要求しました。

奇妙な状況であることは十分に分かっていましたが、私は一歩も引きませんでした。それでその声も、もう少し率直にならなければならないと理解したようでした。「私とやり取りしたいなら、私のことは『Your Keeper』（訳者注　聖書の中で神を表す「あなたを守る方」という意味の言葉）と呼べばいいでしょう」——彼は、これを次のように言ったのです——「私のことは、引用始め、Your Keeper、引用終わり、と呼べばいいでしょう」彼は私をからかっていたのです！

親友であり相談役だった内なる声、つまり、私の中の小さな天使は、いたずら好きな友に変わっていたのでした。そして、そのいたずら好きな友が、これで終わりではないことを示唆していました。まだまだ続きはあるのだと。

そうです、私には天使の声が聞こえます。そして天使の声が聞こえることに、とても感謝しています。

第3章 目覚めから融合

新しいティーチャー

chapter 3

目覚め

ウィチタでの私の時間は終わろうとしていました。教育実習を修了するために六週間ウィチタに滞在することは予定していましたが、それ以上のことは、人生がどうなろうとしているのか全く分かりませんでした。ジョンは、私を見知らぬ町の彼の親戚の家に置いて、一人でカリフォルニアに戻ってヨットの改修の続きに取り掛かっていました。私たちの関係ははっきりせず、私は精神的に孤独を感じていました。

一方、この六週間で経験したことに

15年間暮らした船『マラヤ』

よって、私は非常にたくさんの扉を開くことになりました。それはまるで形而上学の集中プログラムを受けているようでした。様々な種類のタロットカードを解釈する才能を見出し、異次元の存在に取りつかれる経験をし、宇宙がいかに無限であるかにも目覚めました。六週間にしては悪くないでしょう！　しかし、まだまだ、人生を大きく変える変化が、目の前に待ち構えていたのでした。

教育実習は驚くほど上手くいきました。この世のものとは思えないような出来事が私を取り巻いていたにもかかわらず。この時期に、学士号に追加するものとして、家政学、美術、特別支援教育、経営学の教員資格を取得しました。

勉強を続け、将来の道を広げるであろう博士号を取得することは私の夢でしたが、私はまだ修士号すら持っていませんでした。資格認定課程が終わろうとしていた頃、私は学部長から異例の（そして信じられないような）話を持ちかけられました。全額奨学金で修士号と博士号を同時に取れるよう、私のために責任を持って手配すると言うのです。それは夢のような話でした。そこまで大きく夢見たことはありませんでしたが！

その夜、この素晴らしい申し出があった後、家に帰るとジョンからの手紙が私を待っていました。その手紙の中で、ジョンは私に対する気持ちを明確にしていました。彼は、私たちの関係が結婚を考えるべきところまで進展したと思うと述べていました。それは、女性が期待するようなロマンチックなプロポーズとはとても言い難いものでしたが、そこには、はっきりと書かれていました。気がつくと私は息切れしており、私の世界が私の周りで衝突していました。私はどうしたらいいか分かりませんでした。

しばらくしてジョンから電話があり、結婚の提案についてどう思うか尋ねられました。私は、ちょうどその日に受けた、全額奨学金で博士号が取れるという申し出のことを彼に話しました。彼の返事は率直で単刀直入でした。「僕はカンザスには戻らないよ」

世界が衝突するとはまさにこのことだわ！　ジョンにどう返答してよいか本当に分かりませんでした。進学して博士号を取り、心から好きだと分かっている教育という分野で働くのか。それとも、（人生二回目の）海上生活をするため、教えることは諦めて彼について行くのか。

私が決断できないでいることに、ジョンは深く傷つきました。ジョンを傷つけたくはありませんでしたが、私は、自分の心に従うのか、それとも、自分の天職だと信じているものを追うのか、この二つの選択肢の間で途方もなく葛藤していました。その日は、翌日にまた話をしようという約束で会話を終えました。愛かキャリアか、どうして選べるでしょう？

こうした人生の選択に迫られた時、私が唯一知っていた取り組み方は、高次の源に聞くということでしたから、私は瞑想に入りました。瞑想の中で、「Your Keeper」として知るようになった声が、サンディエゴに行きなさい、そこで新しいティーチャーたちに出会うでしょうと告げました。サンディエゴ？ ジョンはカリフォルニア州でも反対の端のユーレカにいるのです。ここで忘れてはならないのは、宇宙は全体像を見ているけれど、私たち人間には小さな一部しか見えていないということです。

翌日電話をかけてきたジョンは、当然のことながらためらいがちに、彼の質問について考えたかどうか聞いてきました。私が、彼の質問について――そして自分の将来について考え、カンザスを離れて彼と結婚すると決めたと言うと、彼が安堵したのがはっきりと分かりました。そして、瞑想中に新しいティーチャーたちと出会うことになるからサンディエゴに行きなさいと言われたことを説明すると、なんと、サンディエゴが、まさにジョンが二人で行きたいと思っていた場所だったことが分かりました。私が先にサンディエゴに行き、しばらく後にジョンが合流してはどうかというのが彼の考えでした。そして、二人でユーレカに飛んで、ヨットの艤装を終わらせ、一緒にユーレカからサンディエゴまで航海しようと。

本日の獲物ドラド
メキシコ沖　1988年

再び私は荷造りをし、旅立ちました。

サンディエゴに到着すると、ジョンの息子と義理の娘に出迎えられました。驚くことではありませんが、彼らもまた形而上学に興味がありました。そこから二、三週間の間、私たちは一緒に散策し、たくさんの形而上学的な場所に行きました。

サンディエゴから一時間ほど東の小さな町アルパインへ行った時のことです。ネイティブアメリカン・グッズと形而上学の本を専門に扱っている店で、壁に貼ってあった数枚のチラシに目が留まりました。その中にレスリーとウェンディという二人の女性によるレイキトレーニングのチラシがあり、店主にそのクラスについて尋ねてみると、まさにその晩、その店で、デモ・セッションがあることが分かりました。私はレイキマスターになりたいと強く思っていましたが、その晩ジョンに会いに北カリフォルニアに飛ぶことになっていたので、そのセッションに参加することは叶いません。それでも、その講師たちのことをもっと知りたいと思い、店主にさらに尋ねると、「素晴らしい方々ですよ。光が彼女たちのハートを通り抜け、手から出てきます」と言うではありませんか。

私は息をのみました。完全にあっけに取られてしまいました。ウィチタで瞑想中にMy Keeperからサンディエゴに行きなさい、そこで新しいティーチャーたちに会うでしょうと言われていましたが、その時My Keeperが言った言葉がまさに「光が彼女たちのハートを通り抜け、手から出てきます」だったのです。

新しいティーチャーたちを見つけましたが、タイミングが少しずれていました。

私は一瞬にして大きな興奮と深い悲しみの両方を感じていました。ティーチャーたちの元へ導かれたという興奮——しかもまさに言われた通りに。一方、彼女たちに会えるのが無期限で延期になってしまうという悲しみでした。戻ってくる時はジョンと一緒だという、最大の興奮もありましたが。

ジョンと私は、サンディエゴへの移動に必要な艤装を終わらせるため、北カリフォルニアのユーレカに戻りました。艤装には約二ヶ月がかかりました。その間にジョンと私は結婚したのでした。

おとぎ話に出てくるような結婚式で、家族や友人がお祝いに駆けつけ、バージンロードを歩きながらお姫様のような気分がした、とお伝えしたいところですが、そんなことを言ってはほとんど全てが嘘になってしまいます。実際には、私たちはキャンプ旅行の最後にラスベガスで結婚しました。今こそ結婚する時だ、と二人がついに決めた時、私のドレスとジョンのスーツを用意し、ウエディングチャペルを決め、ラスベガスに向かうまで二十四時間しかありませんでした。どうか誤解しないでください。私はついに結婚できてとても幸せでした。どこで、どのような形でするかは、私にはそれほど重要ではありませんでした。それでも今、その時のことを思い返すと、もう少しスペシャルにしてもよかったとは思いますが。

ジョンとテリー
『マラヤ』船上で　1987年

そして、私たちはサンディエゴの港で船上の暮らしを始めました。もし、どれくらい少ない物で生活できるか確かめたかったら、船に住んでみてください。私たちは無駄のない必要最小限の物だけで生活を送っていました。行きたい時に航海し、航海の合間に船の修繕をしながら、私たちは二人の生活を楽しんでいました。私はその地で代理教師の職に就き、もちろんレスリーとウェンディのクラスにも通い始め、レイキマスターになるための四段階あるトレーニングを開始しました。

教えることは私の心がウキウキすることですから、もちろん教師として働くのは素晴らしいことでしたが、一つだけ玉に瑕なことがありました。私は人生の一方――レイキ――で、全面的に宇宙エネルギーと共に生きることを学びながら、物質世界を超えて生きるとはどういうことかを探求していたわけですが、同時にもう一方で、教師として働くことは、毎瞬毎瞬、物質世界に存在していることを意味していました。

私は一九七〇年代に教師となるトレーニングを受けています。信じられないかもしれませんが、当時は教師がすべき事とすべきでない事があり、その範囲内で行動するようにと教えられていました。確信を持って言えるのは、物質世界を超えて完全に宇宙エネルギーと共に生きることは、この範囲から逸脱することだということです。私が受けたトレーニングは、教室が一つしかない校舎で、堅苦しい田舎の学校教師――常にきちんとした服装をし、常に生活スタイルにも非の打ちどころがなく、明確に定義された「普通」の生き方をする女性——でいることから、ほとんど発展がありませんでした。いつの間にか私は、一種の二重生活を送っていました。文句を言っているわけではなく、私は自分の心を満たす二つのことをしていたのです。

レイキトレーニングのレベルが上がるとともに、小さな素晴らしい目覚めはたくさんありましたが、ウィチタでのような強烈なことは何もありませんでした。

レスリーとウェンディは、レイキマスターへと私を優しく導きながら、私のガイドの名前について更に何か分かったかどうか、私によく聞いてきました。My Keeper に更なる情報を求めても、答えはいつも同じ「あなたにはまだ知る準備ができていません」でした。

しかし、ある朝瞑想をしていると（この頃私は午前三時に起きて、教師としての一日を始める前に最低一時間の瞑想をしていました）、ついにMy Keeperが新しいメッセージをくれました。私のマスターたち（レスリーとウェンディのこと）が、間もなく私に新しいティーチャーを紹介してくれるということでした。そして、それはバーバラ・ジマーマンという名の女性であることが分かりました。バーバラと出会う前に、私は光栄にも、レイキマスターとしてのイニシエーションを受けることができました。

バーバラ・ジマーマン

ウィチタでの六週間が私にとって人生を変えるものであり、レスリーとウェンディとのレイキ習得がそれを大いに深めるものであったなら、バーバラ・ジマーマンとの時間はロケットに乗って宇宙の深みに行きつくようなものでした。全ての善いことに玉ねぎの皮を剝くのと違わない過程があるように、私の目覚めも幾層にもなって訪れました。

バーバラとの学びは、今となっては、私にとって大きな一つの経験のようにも思えますが、私の心に焼きついている、その層のいくつかをお話ししましょう。

レイキの最終レベルのトレーニング中のことでした。再び私はMy Keeperに名前を明確にしてくれるよう頼んでいました。私が口うるさく言ったからでしょう、彼は一度私の質問に答えてくれ、私にはそれがAdam-and-I

テリーの新しい友達
メキシコにて　1985年

(アダム・アンド・アイ)と聞こえました。「アダム・アンド・アイ?」と思い、[*]「アダム・アンド・アイって一体どういう意味ですか?」と聞くと、「気にしなくてよろしい。あなたはまだ準備ができていません」と、My Keeperが答えました。

＊後になって知ったことによると、Adonaiは神や主を意味するAdonの複数形で、この言葉は、神や宇宙や存在せし全てを呼びかける言葉としてヘブライ語の祈りの中によく見られます。

私のような意志の強い女性にとって、これだけでは全く不十分でしたが、My Keeperは、私がもっと成長して未来の自分に到達するまで、それ以上のことは教えてくれませんでした。

そして、そのレベルまでの成長は、バーバラ・ジマーマンとのワークの中で、ついに遂げられるのでした。

バーバラとの最初のレッスンは、クラスの皆に自己紹介をすることから始まりました。すでに自分の外側の存在たちとたくさんの接触を経験してはいましたが、私は少し尻込みし、あがってしまいました。レイキマスターになるためのコースを修了したばかりであること、見えない世界に対してずっと敏感であったこと、ウィチタに滞在した後サンディエゴに導かれたことを説明しました。

私のまとまりのない自己紹介が終わると、バーバラは私を見て、非物質界から他にメッセージを受け取っていないかと聞きました。どういうわけか、私はそうだと認めることに気が進まなかったのですが、バーバラはためらいなく、私とクラスの他の生徒に、メッセージの細部まで受け取れるよう自動書記をやってみるように、また、そのやり取りを記録するようにと指示しました。自動書記は、私たちの波動が最高の状態で意識のない時に度々起こります。

方法は、まず枕元にペンか鉛筆とメモ帳を置いて、瞑想に入るとともに、この手段によるコミュニケーションに心を開いていることを、あなたのガイドに知らせます。そうすることよって、あなたはガイドと同じ認識を持っていることになります。そして、リラックスしてあなたの波動を高めます。ガイドがこのコミュニケーション手段を選ぶと、あなたの身体を使って書くことに順応するための時間が発生します。人によっては、このチャネリングが、ガイドとの最もクリアなコミュニケーション手段となる人もいます。

悟りの道を追求する者にとって、記録することは非常に重要です。記録することが重要だと何度となく言われていても、その重要性にずっと後の段階になるまで気づかない人がたくさんいます。私も、カルマの浄化コースの一環として、ようやく自分の記録を取るようになりました。

次にご紹介するのは、アシュタールとの最初の自動書記セッションの一部で、一九九三年十一月十五日付のものです。

アシュタール　「平安のうちに行きなさい」

テリー　「どこへ行けばいいか、どうやって分かるのですか？」

アシュタール　「私が導きます。時が来れば分かります。私の子よ、辛抱しなさい。あなたはまだ意図した目的を果たし終えていません。私たちは、より有意義な人生へとあなたを導いていますす。問題や心配のない人生になりますが、時間はかかります。愛、喜び、援助、共感を惜しみなく与えなさい。変化が必要なときは分かります。今日は今日を楽しみ、未来に期待しなさい。あなたには急激な変化が訪れます」

テリー　「どんな変化ですか？」

アシュタール　「今は聞かない方がいいでしょう。あなたにはまだ聞く準備ができていません。けれど早く準備ができるよう、私たちはあなたと共にいます」

テリー　「あなたは誰ですか？」

（私には二本の白い光の柱が見えています）

アシュタール　「安らかな気持ちで人生を愛しなさい。一日一日（一瞬一瞬）が新しい始まりだと思いなさい。他の人々と愛を分かち合いなさい。彼らは愛を返してくれるでしょう。平安のうちに行きなさい、私の子よ。覚えておくのだよ、私はあなたのためにここにいると」

このやり取りの中でアシュタールが名乗っていないことに気づかれたかもしれません。自動書記の記録を見ると、私とのコミュニケーションを「Andante（アンダンテ）」という言葉で締めているのがよく見られます。この言葉は、祝福を送る言葉として、アシュタールセッションの終わりに、今でもアシュタールが使っている言葉です。

彼の名前を実際に聞いたのは、記録によると一九九四年三月十二日が初めてでした。その時のメッセージの最後は次のとおりです。

✴

アシュタール

「私の子よ、あなたは選ばれた者なのですよ。これまでたくさんいたわけではありません。信じて疑わず誠実な者だと我々が認めた者だけ、我々の言葉の価値を下げない者だけに、我々は支援を求めるのです。あなたはその一人なのですよ。あなたが我々の言葉を広めるのです。でも、まだその時ではありません。その時は来ますから準備しておきなさい。焦らないで、適切な時まで待つことが大切です。我々はあなたを愛しています！　これは真実なのですよ。我々を信じて。あなたが成すべき全てにおいて成功するよう我々が導きます。では……アンダンテ。アシュタール」

レイキトレーニングの一環として、私は朝の瞑想を熱心に行っていました。当時は臨時教師をしていたので、十分な時間瞑想をするために朝三時に起きていました。瞑想の間、肉体から自由になり、宇宙の奥深くに到達し、自分のレベルを遥かに超えたメッセージや洞察力や理解と共に戻ってくることが上手く出来るようになっていました。

翌週のクラスで、クラスメートたちは、受け取ったメッセージがあれば、それを発表しました。どういうわけか、私は自分の経験を発表する気にはなれませんでした。バーバラは何度も私のところへやって来て、自動書記で何か得られたかどうか聞いてきましたが、その都度私はその質問をはぐらかしました。

クラスの後、部屋の外に出ようとした時、アシュタールがとても厳しい声で話しかけてきました。まるですぐ隣に立っているかのようにはっきりと、とても厳しい口調で。「もう一つメッセージを与えよう」「次のクラスでは、両方のメッセージを読むのです。そうしなければ、私たちの契約は終わります」

言*うまでもなく大きなショックを受け、この新たな指示に少し怖くなりました。

＊次のメッセージは、その晩クラスメートに伝えなかったものですが、ここで皆さんにお伝えしましょう。とても短くて的を射たメッセージです。「全ての答えは瞑想を通してやって来ます。質問や問題と共に瞑想しなさい、そうすれば答えを受け取るでしょう」この時どうしてこの優しいメッセージを伝えることを恐れたのか、私には分かりません。

目覚めを経験していく中で面白いことの一つなのですが――無限の存在とはっきりとコミュニケーションを取ることは、とてもワクワクする一方――もう一方では怖くもあるのです。人々はどう反応するだろう？　もし私がこの挑戦を受けて立たなかったらどうなるだろう？　どうすべきか考えながら、様々な疑問と恐怖が頭の中を駆け巡るのです。

次のクラス（三回目のクラス）で、私たちは輪になってイエスの幼少時代についての美しい歌を歌っていました。私はそのグループのパワー――そのような集まりにもともと備わっている愛やサポートや可能性——を感じていました。と同時に、今から選ばなければならない選択について考えていました。二つのメッセージを話すのか、それとも黙っているのか。もし黙っていれば、アシュタールとの契約は終わります。それってどういう意味なのかしら？　My Keeperとの間で契約が交わされていたなんて、私は知りませんでした。

歌が終わると、バーバラが真っすぐに私の目を見て、まるで問いただすように、「私たちにいくつかメッセージがあるでしょ、テリー？」と言うのです。

決断の時でした。もう先延ばしにすることはできません。私は再度、唖然としました。どうしてバーバラにはいくつかメッセージがあると分かったのでしょう。メッセージが一つだけでないことが！　私は深呼吸をし、そして、私の人生で最も重要な選択をしました。どんなに怖かろうと、アシュタールが私に伝えたメッセージを読む必要があるのです。この二つのメッセージを読むには、不屈の精神が必要でした。読んでいる間、私は記録から目を上げませんでした。二つ目のメッセージである、一九九四年五月八日付の自動書記の記録は、次のとおりです。

「祝福された私の子よ、我々はあなたのためにここにいます。我々はあなたを愛し導いています。我々の言うことに耳を傾けなさい。そうすれば、あなたの人生は楽で充実したものになるでしょう。テリー、あなたは、あなたが進むべき道を歩んでいます。あなたにとっても、あなたの周りにとっても良いことです」

アシュタール

テリー
「私は知る必要のある全てを理解しているわけではありません」

アシュタール
「いいえ、そんなことはありません。ためらうことなく進まなければならないことを理解しています。そうすることで、あなたはハイヤーセルフ（高次の自己）へと導かれています」

テリー
「でも、準備できるかどうか不安を感じています」

アシュタール
「それは自然なことです。今はまだそこまで行っていませんが、その時はやって来ます。今は健康を維持する時間がもっと必要です。これまであなたは、あまりにも多くの方向に進んできました。でも恐れることはありません。あなたは我々が頼んだ通りにしてきてくれました。大丈夫ですよ」

テリー

「私に何か格言となるようなアドバイスはありませんか？」

アシュタール

「愛しい子よ、伝えられることはたくさんあります。我々はあなたを教え導くためにここにいるのです。あなたはより鮮明なチャネラーになりつつあります。あなたは我々の言うとおりにしてくれると信じています。あなたのことは分かっています。あなたならできると信じています。あなたも我々のことを信じなさい」

テリー　「信じているわ！」

アシュタール　「よろしい！　これから心躍ることがたくさんありますよ。我々はまだ道の途中です。たどり着いたら、あなたにメッセージがあります。あなたはその指示に従わなければなりません。何も恐れることはありませんが、重要なことです。12／12に大きな意味があります。知っているのだと信じなさい。大きな変化が起こります。世界は静かにですが適応していきます。人々はもっと劇的に変わっていくでしょう。植物も繁茂するでしょう。そして、活力がみなぎるのを感じるでしょう。さあ、この知識を持ち帰り、月曜日に皆と分かち合いなさい。人々はこのメッセージを待っています」

そして、メッセージは「宇宙管制塔のアシュタールより」という言葉で締めくくられていました。

まだまだ学ぶべきことや理解すべきことはたくさんありましたが、これが、与えられた役割を全力で担い始めた瞬間であったと思います。この瞬間から、その後の全人生が形作られていったのです。

ようやく読んでいた記録から目を上げた時、自分や皆をがっかりさせることになるかもしれないという恐れは消えてなくなりました。クラスの全員が喜びで涙を流していました。バーバラは飛んで跳ねての大喜びでした。

彼女は何も言わずに部屋から走って出ていくと、数分後に両手いっぱいに本やビデオテープ、写真を抱えて戻ってきました。あまりにたくさん抱えていたので、走りながらぼろぼろ落とすほどでした。違う状況であれば滑稽だったでしょうが、私はまだ、自分が読んだシンプルなメッセージに対するクラスの反応に呆然としていました。「宇宙管制塔のアシュタール」っていったいどういう意味なのかしら？　次は何が起こるの？　次々に疑問は出てきましたが、答えは一つも分かりませんでした。

その夜、もう一つメッセージがありました。バーバラが、私の前のテーブルに非物質的存在に関する研究資料を広げている時でした。「見なさい、けれど読んではいけません」それが、今ではアシュタールとして知っている存在からの、その夜最後のメッセージでした。

これは、その後何年にもわたって、アシュタールから受けることになる注意でした。アシュタールの説明によると、私を通して彼が与えるメッセージが、他からの情報によって影響を受けてほしくないということでした。アシュタールは、私を通して伝えるメッセージが、できる限り混じりけのないままであってほしいと願っているのです。

簡単なリクエストではありませんでしたが、この何年もの間、私はこのリクエストに従うべく最善を尽くしてきました。これまで多くの善意ある素晴らしい方々が、私が知っておくべきだと思われる本や文献や研究結果などをくださりました。その厚意に応えないのは容易なことではありませんが、アシュタールと彼の言葉への献身は、これらの資料から学びたいと思う私の自然な好奇心より優先されるのです。

今までもこれからも、もしあなたがその善意ある方々のお一人であっても、どうか私が頂いたものを読まないことに気を悪くなさらないでください。ご理解いただけることを心からお祈りいたします。

私はその後も瞑想を続け、自動書記の経験を積みました。

ところで、アシュタールがどんな字を書くか、お話ししましたっけ？　私自身の字は、こう言っては何ですが、大変読みやすくきれいな方です。ほとんどの人が私の書いた字を難なく読めますし、当然ですが、それは教師にとって大事なことです。自動書記の多くが走り書きのメッセージなのですが、アシュタールが私を通して書くと、走り書きというより、むしろとても読みやすい字で、実は、読みやすいだけでなく、目を楽しませてくれる字を書きます。

けれど、一つだけ、アシュタールが書く時に、せっかくの価値がなくなってしまうことがありました。初めの頃、アシュタールは鉛筆を持つ手にあまり力を入れていませんでした。ですから、初期のコミュニケーションの多くは、字が薄すぎて読みづらいのです。私は、アシュタールと書くことに自信がついてきた頃、もっと楽にメッセージが読めるように、もっと力を入れて書いてくれるようアシュタールに頼みました。ゆっくりではありましたが、確実に、アシュタールは私の手を使って、より鮮明な文字を書くことを覚えていったのでした。

アシュタールが名を明かし、クラスで分かち合うメッセージを与えてくれてから、瞑想中、アシュタールはたびたび美しい字でメッセージをくれるようになりました。それらは大抵、愛と激励のメッセージでしたが、程なく、アシュタールは、私たちの再会の次のステップへと踏み出しました。（そうなのです、再会なのです。私たちの以前の関係については、その全経緯を後ほどお話ししましょう）

まだ終わってない！

夫のジョンは、私の霊的成長に大きく貢献してくれました。私は、そのことに深く感謝しています。私にクラスを受講する余地を与えてくれただけでなく、精神的にも身体的にもずっと私を支えてくれました。私が、ジョンが身体的に支えてくれたと言う時、それは本当に文字通りの意味なのです。

バーバラのクラスでは、毎回輪になって歌う歌がありました。優しく美しい歌で、私は心から歌うのが好きになっていました。単にその歌詞のせいだけでなく、愛とポジティブな意志に包まれながら輪になって歌うことで、純粋な愛のエネルギーが全身を駆け巡るのを感じることができました。

ある夜、皆でその歌を歌っている時、私は純粋な愛のエネルギーに圧倒されてしまいました。飛ぶことができると分かるほど自分のエネルギーが高まるのを感じ、そして気づくと私は肉体の外にいました。もう肉体は必要がないように感じられました。エネルギーの中でより高く上昇するにつれ、膝が崩れ始めたその時、私が床に倒れ込むのを防ぐため、突然ジョンが私の体を両腕で抱え込むのを感じました。クラスにいた他の男性数人も素早くジョンに続き、近くにあったソファに私を運び、寝かせてくれました。これは、私の霊体が、肉体に繋がれていないまま上昇し続けたために起こったことでした。私の体は抑えがきかないほど震え始めました。

幸い生徒の一人が鍼師で、何が起こっているのかすぐに特定することができました。私は「クイックニング（加速）」を体験していたのでした。肉体が持ちこたえられないほど多くのエネルギーが体を通り抜けたのです。真の宇宙的体験だったのですが、時に宇宙は、私たちの肉体がどれだけ耐えられるかまでは気に留めないようです。

その鍼師がジョンに伝えたことによると、彼女はこういった現象について読んだことはあったけれど、これほどパワフルな力を目の当たりにするのは初めてということでした。ジョンの許可を得て、彼女は鍼を取り出し、特別な処置を試みました。鍼師にとって最も特殊な配列で鍼を刺し、体内に流れる過剰なエネルギーを放出しようというものでした。

一度に一ヶ所ずつ刺入し、私の肉体に壊滅的ダメージを与えていたかもしれない過剰なエネルギーを放出していきました。それで、ようやく震えが収まりました。

このような経験をすると、スピリチュアルの道を進もうとする人も怖気づき諦めてしまいがちですが、私はそうではありません。私は毎日一瞬一瞬、どんな状況においても、宇宙の愛に守られていることを知っています。課せられた課題をこなすための能力を高めるための経験であれば、それがどんなことであっても、宇宙の愛が前もって安全策を講じてくれます。この時の安全策は、ジョンがその夜一緒にいてくれたことでした。単に部屋にいてくれただけでなく、私が倒れ込む兆候に気づけるほど近くにいて見てくれていました。さらに、技術と直観力を備えた鍼師までが居合わせる――しかも、この時必要不可欠だった処置を施せる知識を持ち、適切な訓練を受けている鍼師が、道具を持って居合わせる――確率はどれくらいでしょう?

ひとたび宇宙に委ねると、確率や可能性の問題ではなくなるのです。私たちがエゴを捨て、宇宙の愛をもって一致団結して取り組む時、偶然に起こることは何もないのです。

融合

カンザス州ウィチタで私が経験したこと――交霊会中に異次元の存在に入り込まれたこと（「繋がる」という言葉が使われていましたね）――を思い出していただければ、私が他の存在に入り込まれることに強い反感を抱くことは、理解していただけるでしょう。しかし、ご存じのとおり、私はレディ・アシュタールですから、ある時点でそれは起こったわけです。さて、いよいよ、どのようにしてそれが起こったのか、お伝えする時がやってきました。

当時ジョンと私は、サンディエゴでヨット暮らしをしていました。私はいつも通り午前三時に起きて、臨時教師の仕事に行く前に朝の瞑想をしていました。ジョンは船首の部屋でぐっすり眠っていました。

私が宇宙に委ねると同時にアシュタールが現れ、「あなたと融合したい」と言ってきました。何度も繰り返し「あなたと融合したい」と彼は言いました。

教師のテリー　1989年

この時怖かったとは言いませんが、よく知り、信頼するようになっていたアシュタールであっても、かなり警戒していたことは認めましょう。私たちのやり取りはこのようなものでした。

テリー　「あなたは光で、私にとって最高で最善ですか？」

アシュタール　「そのとおりです」

テリー　「あなたは私を守ってくれる存在ですか？」

アシュタール　「そうです」

テリー　「それは痛いのですか？」

アシュタール　「いいえ」

テリー　「もし私が、人生にあなたがいることを望まなくなったら、立ち去ることに応じてくれますか？」

アシュタール　「ええ、去ってほしいと言えば、その瞬間に立ち去ります。あなたがこの融合に応じてくれれば、私たちの契約は完結することになります」

「それで、私は何をする必要があるのですか？」

テリー

そして、アシュタールは融合のプロセスを完了させるために私がしなければならないことを教えてくれました。

まずはジョンを起こすことからでした。（彼は朝がまったく得意ではなく、しかもこの時まだ午前三時半でした！）そして二人で、船上に置いてあったとても大きな石を、私が瞑想していたところまで運ぶ必要がありました。*

＊これもまた、いかに宇宙が私たちに未来の準備をさせるかの良い例です。グラウンディングにこの石が必要でなかったら、数週間前にこんな大きな石をわざわざ私たちの小さな船に載せたりなどしていなかったでしょう。

この石はプロセスの間私がグラウンディングするのに必要不可欠だったのです。ジョンが私の向かいに座り、私はその石の上に足を置き、瞑想を再開するという流れでした。

ジョンは、最初の夫とは違い、初めからずっと私のスピリチュアルな取り組みに協力的でした。実際、サンディエゴでヨット暮らしをしていた間、度々「船上生活仲間」——その港で同様にヨット暮らしをしていた人たちをそう呼んでいたのですが——にカード占いやレイキを施していましたが、そこでも彼は私のために力になってくれていました。

まだまだ太陽が水平線から顔を出す気配もないような時刻でしたが、ジョンは起きて、その巨大な石を何とか動かすのを手伝ってくれ、そして私の向かいに座りました。彼は私の生き方に対し寛容で理解がありました。今でも、彼がこの大事な時に私の人生にいてくれたことに感謝と愛を感じます。

準備が整うと、私は再び瞑想状態に入りました。用心深い私は、しかもウィチタで不気味な経験をしている私は、いま一度アシュタールに聞かなければならない気持ちに駆られました。「もし私がやはり嫌だと思ったら、頼んだらすぐに立ち去ってくれますか？」

前と同じようにアシュタールが言いました。「ええ、去るように言われたら、すぐに立ち去ります」そして、自分が正しい決断をしているのだと念を押すために、私はもう一度聞きました。「これは私にとって最高で最善ですか？」「そうです、これはあなたにとって最高で最善ですよ」と、アシュタールは答えました。

アシュタールとの融合の前に、最後に聞いた質問は、「誰が私の体を支配するのですか？」でした。

アシュタールが「あなたですよ」と答え、そして、融合が始まりました。

通常の瞑想時には意識は解放状態にあるのですが、この時は意識を解放しているというより、むしろ完全に委ねている状態でした。宇宙に委ねながら、同時に体内で何が起こっているのか十分に認識することができました。

アシュタールが融合を開始した時、この肉体の認識が作用し始めました。頭頂――クラウンチャクラ――から、圧倒的なエネルギーが体を満たし始めるのを感じることができました。両腕が激しく振り乱れ、体がてんかん発作のように痙攣を起こしました。アシュタールのエネルギーが偉大すぎて、私の肉体と統合できなかったのです。「出ていって！」と、私は彼に言いました。「あなたのエネルギーは大きすぎるわ！」彼の言葉通り、私の体の主導権は私にあり、アシュタールは私からエネルギーを抜きました。目を開けて向かいに座っていたジョンを見ると、目の玉が飛び出しそうでした。私の体が痙攣し始めた瞬間、寝ぼけていた彼もすっかり目が覚めていたのです。

内側からアシュタールが言うのが聞こえてきました。「もっと低いバイブレーションでもう一度試しましょう。もっとあなたに近いバイブレーションから始めて、そこからあなたのバイブレーションを上げていきましょう」

再び私は瞑想状態に戻り、融合の二回目の試みに備えました。

今回もアシュタールがクラウンチャクラから入ってくるとバイブレーションが高すぎるとは感じましたが、不快感を引き起こすほど高くはありませんでした。愛の大使であるアセンデッドマスター・アシュタールのバイブレーションが私の体に満ち始めると、痙攣ではなく体が前後に揺れ始めました。アシュタールセッションに参加されたことのある方なら、この動きに馴染みがあるでしょう。間もなく（融合のために私は脇に退いていたので、どれくらいの時間がかかったのか全く分かりませんが、おそらく一分ほどでしょう）アシュタールは私の全身全霊を彼の純粋な白い光、すなわち愛の光で満たしました。光が私の体の細胞一つ一つまで広がるとともに、この壮麗な光は船全体を照らしました。宇宙意識が一つとなって――現在、過去、未来において明かし示される全てがバイブレーションとなって――私の中を駆け巡ったのです。

アシュタールが最初に聞いたのは、私の声帯を使ってみてもいいかということでした。私が許可すると、アシュタールは私の頭を上げ、ジョンの方を向いて、[*]「私は愛の内にいます。彼女は無事です。あなたの協力に感謝します」と言いました。

＊私を通して発せられたアシュタールの最初の言葉が何だったのか、ブライアンに尋ねられるまで私は何も覚えていませんでした。それで私は内に入りアシュタールにどんな言葉だったのか聞いたのです。ここに述べられているのはアシュタールから聞いたことです。

サンディエゴ港の船上でこの数分間に全身を駆け巡った感動は、言葉だけで全てをお伝えすることはできません。しかし、確かに言えることは、このクイックニング（加速）の中で感じた感動の一つ一つが、今でも、日々どんな時も私の中に留まっているということです。

融合の後すぐ、私のバイブレーションを上げるために、アシュタールから一つのリクエストがありました。それは、ベジタリアンの食生活をしてほしいというものでした。卵や牛乳は摂ってもよいが、肉は食べないことになりました。また、アルコールやその他の精神状態を変化させるものは一切摂取しないことになりました。毎日、最低二十分間心拍数を上げる有酸素運動をし、そしてもちろん、最低一時間の瞑想は毎日続けることになったのです。

それからの五年間、私はきちんとこれを守っていました。しかし、五年ほど経った頃、体の動きが鈍くなっていることに気がつきました。ベジタリアンになる前と同じだけの体力がないのです。それでアシュタールに相談し、時々少量の肉を食べてもよいことになりました。再び動物性たんぱく質を摂り始めると、体力は正常のレベルに戻りました。アシュタールとの関係が相互協力的なものであることを示す一例として、この話をしています。つまり、アシュタールにとって良いことは私にとっても良いし、私にとって良いことはアシュタールにとっても良いのです。

アシュタールは私と融合した――または、私がアシュタールと融合した――ものの、アシュタールから学ぶことを求めている人々とどうやってコミュニケーションを取っていくか、その方法を協力し合って見つけるという私たちの旅は、まだ完結していませんでした。私のバイブレーションからアシュタールのバイブレーションへの移行が今日のようにスムーズになるまでには、何年もかけて互いに協力し合わなければならなかったのですが、それはまた別の本でお話しすることにしましょう。

いま一度、非物質的存在と融合していると思っている方に注意喚起することが必要だと感じるので申し上げます。

宇宙には光――最高で最善――に徹している存在もたくさんいますが、そうでない存在もいます。どうか、完全に準備ができるまでこのようなことは引き受けないでください。繋がろうとする存在のレベルにかかわらず、常に始める前は、愛の意識と、光と、できる限り高いバイブレーションの中に身を置いてください。これはゲームではありません。予期しない問題が起こり得ることをちゃんと認識したうえで真剣に取り組むべきことなのです。

後ほど本書で、アシュタールのなりすましが私の体を乗っ取ろうとしたお話しをしましょう。

第4章 デビュー

ディナープレートのような形

chapter 4

人生の次の段階

一九九三年三月、アシュタールと私は融合しました。次の質問は、「これから私は何をするの?」でした。

私がMy Keeperと呼んでいた存在とコミュニケーションを取っていたのを思い出してください。彼の名前が実際はアシュタールだと分かる前のしばらくの間でしたが、その時は「コンシャス・チャネリング」[*]という方法でコミュニケーションを取っていました。

＊コンシャス・チャネリングというのは、自分の頭の中で会話するのによく似ています。質問をすると答えが返ってきます。今でも私は頻繁にアシュタールとコンシャス・チャネリングをしています。コンシャス・チャネリングに関しては後ほど本書でもう少しお話しします。

アシュタールと私が融合して、アシュタールが私の声帯を使うようになってからは、夫のジョンがサンディエゴ港の船の上でアシュタールと話し始めました。より広い世界に出ていくのは、私にとって気持ちがひるむことでした。初めてアシュタールと公の場に出たのは、私たちが融合してから二ヶ月ほど経ってからのことでした。

レイキのレベル4のトレーニングを終えてから、バーバラのもとでカルマの浄化コースを受講したことは、すでにお話ししましたね。ジョンも、私と一緒にそのコースを取っていたのですが、カルマの浄化は非常に個人的なものであるのに加え、彼はアシュ

テリーとジョン

タールが私と融合するのを手助けすることでとても忙しくなってしまったので、その後、自身の成長のために再度そのコースを受講していました。私が公の霊媒師として第一歩を踏み出したのは、彼の卒業式でした。

ジョンのコース修了時には、私の時と同様、トランス・チャネラーが招かれ卒業生のためにリーディングをすることになっていました。ジョンがバーバラに次のチャネラーとして私を推薦し、バーバラがそれを快諾したのでした。そして、その夜初めて、公の場でアシュタールをチャネリングしたのです。怖かったとは言いませんが、あれほど緊張したことはありません。

この頃は、アシュタールが話せるよう私の体に招き入れるプロセスが、今とは少し違っていました。今では、単に椅子に座って、あらためて自分のエネルギーに集中し、アシュタールが私の体を使えるよう私は脇に退くだけですが、当時は、静かな部屋に入って十五分ほど瞑想する必要がありました。私とアシュタールのバイブレーションが合うと、ジョンが部屋に入ってきて、私を所定の場所まで連れていきます。当時のこの様子を、足を引きずってよたよたと歩く老人のようだと表現する人もいました。アシュタールは肉体を持たないわけですから、彼もまた、この新たな取り決めのもと、学ばなければならないことがあったわけですね。彼にとって地球上の女性の体を操ることは、私がアセンデッドマスターに自分の体を使わせることと同じくらい、習得するのが難しいことだったに違いありません。

一言で言えば、その夜――「レディ・アシュタール」のデビュー――は大成功でした。

その夜アシュタールが語ったことをお伝えしたいところですが、私は全く覚えていません。アシュタールとワークする時は、私の意識はどこか他のところへ行ってしまうのです。どんな質問がなされ、どのようなアドバイスがもたらされたのか、私には全く記憶がありません――どれくらいの時間だったのかすら、分からないのです。アシュタールに聞けば教えてくれるでしょうが、このような情報を密かに知ることは他人の噂話をするのと同じことに感じるのです。ですから、今も、アシュタールの元へ来る方々の会話は、保護されるべき個人情報とみなしています。

セッションが終わり、アシュタールと入れ替わった時、目の前には嬉し泣きしている人たちの姿がありました。今でもはっきりと覚えています。アシュタールの洞察に圧倒されている人もいました。

そこには、たくさんの涙ぐむ笑顔

レディ・アシュタール　1995年

がありました。

「レディ・アシュタールと呼ばれるようになったきっかけは？」と聞かれることがよくあります。これからお話しするのは、宇宙の愛の声は一つだけではないということを思い出させてくれる素晴らしいリマインダーの一つです。そしてその声は、トランス・チャネリングの才能を与えられた者だけに制限されるものではありません。

ある晩、バーバラ・ジマーマンのクラスでアシュタールセッションを終えると、そのグループにいた男性が私のところへやって来て、セッション中にアシュタールからもらったメッセージのお礼を言いました。彼は「ありがとう、レディ・アシュタール」と言って、感謝の言葉を締めくくりました。その言葉がその男性の口から発せられた瞬間、アシュタールが言いました。「レディ・アシュタール――これが、今からあなたの名前です。私はロード・アシュタール。あなたは私の妻でした。あなたがレディ・アシュタールという正当な名前で知られることが望ましいでしょう」

多くの人が、宇宙エネルギーと繋がるにはアシュタールのような仲介者が必要だと誤って信じていますが、実は私たちには、誰にでもアセンションした存在から直接指導を受け取る能力があります。気づいていないだけで、日頃から私たちのほとんどが聖霊からのメッセージを表現しています。聖霊との繋がりに気づくこと、それが今ここで私たちがしているワークです。

全ての出来事を正確な時系列にして伝記を書くというのは幾分難しいことなので、話が飛んでしまってもどうかお許しください。それらの記憶は、経験のシチューの中に溶け込んでしまっていて、明確な日付をつけられないこともあるのです。そして実のところ、それはあまり問題ではありません。ご存じのとおり時空を超えた存在である、アセンデッドマスターと共に働く時、本当に大事なのは経験であって、具体的な日付ではありません。今からお話しするのは、そのような具体的な日付を必要としない記憶の一つです。

バーバラ・ジマーマンのコースが終わって間もなく、そのクラスの多くの人が、バーバラと共に、それぞれが磨いた才能を皆で分かち合うことを決め、私たちはサンディエゴのイーストカウンティで週末のリトリートをすることにしました。起伏のある低い山々に抱かれた保養所での夜のことです。私たちはいわゆるドレスリハーサルをして、全て上手くいくことを確かめていました。グループの約半分が瞑想休憩を取っていて、残りの半分が仕事を終え、私たちの瞑想に加わるのを待っているところでした。アシュタールと常にいるようになってからまだ日が浅い頃だったので、私の意識は「彼はどんな姿をしているのかしら？」とか「彼の宇宙船を見せてくれないかしら？」といった質問に流れていきがちでした。

現在の話をすると、アシュタールは賢者――白髪で、顔には経験とともに刻まれた皺のある老人――の姿で私の元に現れます。私には八十歳～九十歳、もしくは百歳くらいの老人に見えます。歴史を通して描かれるような古代の賢者――グレーのローブを身にまとった、白いひげに肩まで伸びた髪の聖人――のようです。十一次元の代表者として私の元へやって来ているとすぐに分かるように、アシュタールがそんなイメージを私に見せてくれているのだと思います。これを書いている今、アシュタールが皆さんに伝えてほしいと言っています。彼の智恵を求める人々の元へ、その方の大好きなおじいちゃんや、本能的にすぐに信頼できる人の姿になって現れますよ、と。無条件の愛として私たちの元へやって来る時、アシュタールは、長老――子供たちに学ばせ成長させる賢者――として現れます。良き祖父が孫にするように、人生を体験している子供たちに道を示して、より深い理解へと導きます。愛の道を歩む叡智を持って、十分に安全な環境で、子供が人智を超えた神秘体験ができるようにするのです。

さて、話を元に戻しましょう。私はすでにアシュタールのチャネリングをしていましたが、まだ始めてから日の浅い頃でした。一九九四年頃のことだったはずです。

私たちのグループは六人で、それぞれが自分の得意分野を持っていました。瞑想したり、講義したり、教えたり、私たちはそれぞれ違った側面を専門としていました。先にも言いましたが、私たちの半分はリトリートに備えて瞑想をしていました。輪になってクッションの上に座っていました。その前に、リトリート中にＵＦＯを見られたらいいねという話を皆でしていました。それは、その週末を本当に特別なものにしてくれるでしょうから。私が座って瞑想をしていると、突然、部屋の向こう側のドアからアシュタールの声が聞こえてきました。「ここにいますよ」と、彼は言いました。

ドアの方を見ると、ぼんやりと男の人の姿が見えました。見ている間にその姿はどんどんはっきりしていきました。あまりにはっきりしているので、触れることができそうだと感じるほどでした。

彼は、司令官が着そうな、インディゴブルーの制服のような服を着ていました。しっかり肩が張っていて、多くの点で軍人のような姿でした。肩章には金の縁取りがされていて、制服の正面には金のボタンが縦に二列並んでいました。襟はマンダリンカラーのようにまっすぐに立っていました。スラックスは普通のスラックスで、とくに目立ったところはありませんでした。ベルトに相当するものも着けていましたが、きつくは締められていませんでした。ほっそりとした腰に広く張った肩、壮健で長身でした。そう、とても背が高く、六フィート（約一八二センチ）、いや、もしかしたら六フィート四インチ（約一九三センチ）ほどあったかもしれません——私は下から見上げていたわけですが。彼は四十五歳くらいに見えました。優しいまなざしの目は、私には美しい青色に見えました。髪はブロンドがかっていて、男性らしく切り揃えられていました。分け目があったか、オールバックだったかは覚えていませんが、髪は後ろに流れていました。考えてみると、彼の髪は、髪というよりエネルギーのようでしたが、でも明らかに髪のように見えました。軍人のような姿にもかかわらず、誠実で優しく、権威をふりかざすのではなく、真に権威ある雰囲気を放っていました。

アシュタールが私を見て言いました。「やって来ましたよ。我々はここにいます。さあ、私と一緒に来なさい」

この時私は言葉を使っていませんでしたが、こう尋ねました。「一緒に来るって、どこへ？」

「牧草地です。我々は来ています。さあ、来なさい」と、アシュタールは答えました。

いったい何が起こっているのかと疑問に思い、自分の感覚に確信が持てなかったことは覚えていますが、きっと私のバイブレーションに変化があったに違いありません。なぜなら、一緒に瞑想していた仲間も、この瞬間までそこにいなかった他の仲間も、皆がまるで私のビジョンに部分的に入り込んでいたかのような反応を見せていたからです。私は彼女たちの方を向いて「アシュタールが来てるの！　見た？」と聞きました。アシュタールは私から十二フィート（約三・六メートル）も離れていないところにいたというのに、誰も彼の姿は見ていませんでした。私は皆を集めて、彼らがやって来ていて、牧草地で私たちのことを待っているというアシュタールのメッセージを伝えました。

皆を動かすにはそれで十分でした。私たちは全員、上着をひっつかんで急いで外に出ました。牧草地まで四分の一マイル（約四百メートル）ほど歩いたと思います。空はちょうど暮れかかっていました。このレベルでコンシャス・チャネリングをしたのはこの時が初めてでした。私は物理的にそこにいて、自分自身の声で他の人たちと話しながら、自分自身の声でアシュタールとも話していました。他の皆にはアシュタールの声は聞こえていませんでしたが。私はアシュタールにどこにいるのかと聞き続け、彼は私の中でそのまま前に進みなさいと言っていました。

突然アシュタールが「上を見なさい！　上を見なさい！」と言うのが聞こえました。

最初は何も見えませんでしたが、突如、空に何かが現れました。まずは遠くに光が一つ。それからもう一つ遠くに見え、そしてまた一つ現れ、巨大な円を作りました。その光は黄色がかった色だったことを覚えています。アシュタールに下を見るように言われるまで、他の皆には何も見えていませんでしたが、そう言われて地面を見ると、そこには円形の光がいくつかありました。それはディナープレート（ディナー用の大皿）くらいの大きさで、円を描くように動いていました。最初は上空の物体は見えませんでしたが、やがてそれは、透明フィルムのように見えてきました。下を見て、地面に見えていた光は、上空の船からの光の反射だったことが分かりました。私がそう言うと皆も上を見上げ、彼女たちにもその上空の物体が見え始めました。それは円盤のような形をしていました。それが金属だったと言うのは間違いになるでしょう。それは透き通っていました。にもかかわらず、非常に存在感がありました。私たち全員が自分たちの上空にいるものの姿を鮮明に捉えた時、アシュタールが、もう行かなければならないと言いました。

私たちが見ている中、その光は、私たちから遠ざかり、牧草地を横切って近くの山の方へと向かい始めました。宇宙船の下部は皿のような形をしていることが分かりました。深いアーチではありませんが、多少アーチ状になっていました。上部もアーチ状をしたディナープレートのような形をしていました。そのプレートの上にお椀状のものが載っていました。そのお椀状の部分にも光の輪がありました。初めのうちは、宇宙船の大きさはサッカー場ほどだと思っていましたが、その光を見て実際にはもっとずっと大きい——母船であることが分かりました！

光は山の方へと移動し、それから山の向こう側に落ち着いたようでした。宇宙船が行ってしまい、もう見ることができないのだと思うと、とても悲しくなったことを覚えています。

後から振り返ってみて、私は自分がかつてこの巨大な宇宙船に住んでいたことを知っていて、自分のホームだった宇宙船が去っていってしまうから悲しかったのだということに気がつきました。それは、神秘的でいて、しかし同時に現実的で、とても悲しい瞬間でした。

私は驚嘆し、信じられない思いでしたが、それは非常にリアルでした。恐れは全く感じず、安全だと感じていました。あの場で、もし宇宙船が着陸し固体化していたら、私は宇宙船まで歩いて行って、船に乗り込んでいたことでしょう。それは、いつもの私の感じ方とはまるで違います。いつもはもっと警戒しがちですから。

　私のしていることが夢ではないことを私が心から理解できるように、アシュタールはこのような方法で、彼自身と彼の宇宙船を見せてくれたのだと、私は信じています。エーテル界、物質界、そして、この世を超えた世界が、私の人生にどのように現れていくのか、私に明示しようとしたのでしょう。これはまだ、アシュタールと共に生き始めた頃のことで、アシュタールは、私が進化し、より鮮明なチャネラーになる手助けをしてくれていたのです。私が地球的経験を超え、洞察力を深められるよう働きかけてくれていたのです。

　これで自信を持ってお伝えすることができます。その晩までは、私は宇宙船が存在することを心から信じていたわけではありませんでした。もちろん、宇宙船の話をしたり、宇宙船のことを考えたりはしていましたが。けれど、ついに本物の宇宙船――実物が目の前に現れたのです。正真正銘の宇宙船が！

私が、アシュタールが実在することを見ることができるように、アシュタールは、宇宙船のバイブレーションを少し下げ、同時に私のバイブレーションを少し上げてくれていたのでした。それに、私を支持してくれるグループと一緒にいたことも、確かなメリットでした。私のしていることを信頼してくれているグループです。彼女たちは、この体験に必要だった、安心できる空間を作り出してくれていました。そして、この体験によって、アシュタールが何者なのか、より一層理解を深めることができました。グループの他の者には、私が見た全てが見えたわけではありませんでしたが、アシュタールによると、それは、彼女たちにはまだ全てを見る準備ができていなかった、つまり、目の前の決定的事象に対処できないからということでした。

あの晩、目の前で実際に宇宙船を見たことは、本当に驚くべき体験でした。

実は、この体験にはもう一つ話があって、これをお伝えすると、今後皆さんも、見えるものを少し違った目で見るようになるかもしれません。

私たちグループは、前日の午後に保養所に到着した際、周囲の山々を見渡していました。その山々の高さは、私たちの目にはほとんど同じに見え、とくに尖った峰も谷間も見られませんでした。私たちはこれをそのまま受け取り、疑問に思うこともありませんでした。宇宙船が離昇し山の向こうの谷に落ち着いた後、私たちは六人全員、私たちを取り囲む山々がもう同じ高さではないことに気がつきました。宇宙船が去った後には、同じ高さの山々の真ん中に巨大な鞍部、つまり山間の谷が現れました。それは前日の午後には見られなかったものでした。宇宙船は初めからそこにいたのです。私たちの目には山々の一部だと見せかけて。宇宙船がいなくなったので谷がさらされたのでした。宇宙船は、景色に溶け込んで姿を隠し、目に見えなくなることができるとアシュタールが教えてくれたことがあります。私たちが見ていたものは、実際にそこにあったものではなかったのです。こうすることによって、アシュタールたちは発見されることなく、私たちを見守り助けるために、そこにいることができるのだそうです。

宇宙船のように見えるアリゾナ州セドナのベルロックと、そのすぐ西のベルロックより小さい岩のことを考えてみましょう。私たち地球人にとって、あの岩層は浸食と堆積物によってできたという地質学者たちの説明は受け入れやすいですし、むしろ安心できます。私たちにはその説明が理解できます。私を通してアシュタールが言っていることを理解することは、あなたの知性を少し広げるかもしれません。今の私たちの理解レベルを超えた存在は、私たちが見ても安心していられる姿で存在することができるのです。ちょうど私たちグループが保養所に到着して、遠くに同じ高さの山並みを見たときのように。そして母船が去った後、母船によって全く違う景色が隠されていたことを知ったように。私たちが見ているものは、見えているものだとは限らないのです。それについて少し考えてみてはどうでしょうか。

アシュタールは、私に彼の現実を見せてくれました。それまでは単に精神的概念だったことを、私は実際に体験したのです。私の人生は変化しつつありました――現実に対する私の概念が急速に変化していました――そして、このような体験をしてもなお、疑問は残るのです。私の人生の次の段階はいったい何なのだろう？と。

テリー　1999年
『マラヤ』船上で

第5章 アシュタールの仕事

人生はギフト

chapter 5

進化は続く

アシュタールと融合した後すぐに――コンシャス・チャネリングの中で――アシュタールは私が彼の仕事をするなら、彼は私の面倒を見ると言いました。これは全く具体的でない約束でしたが、ひとたび一般の方々の前に出るようになると、素晴らしいこと――アシュタールのメッセージを求めている方々と知り合う機会が、私とジョンの元にもたらされました。

アシュタールと働き始めた頃は、正直なところ、アシュタールが何者なのかほとんど知りませんでした。これまでにどれくらいの間この地球上の人々とコンタクトしてきたのか、どのようなメッセージを伝えてきたのかなど、アシュタールの歴史について全く知らなかったと言ってもよいくらいです。そのため、ジョンと私の生活の中でアシュタールが初めて仲介役をしてきた時の体験は、一層素晴らしいものとなりました。

ジョンと私はサンディエゴ港でヨット暮らしをしていましたが、私たちのクラスやメタフィジカルな友人たちは、ほとんどがI―8（インターステート・ハイウェイ）に沿って東に四十分ほどのところに集中していました。ある日、友人を訪問した帰り道、私はいつの間にか瞑想していたに違いありません。運転していたジョンにアシュタールが話しかけたからです。

「次の出口を出て」とアシュタールは言いました。

ジョンはすでにアシュタールと話すことにも慣れ、その導きも信頼していたので、言われた通りにしました。

「ここで右に曲がって、次の交差点で左に曲がって」ジョンはその通りにしました。アシュタールの指示通り、もう二、三回曲がった後、メタフィジカルショップにもなっている小さな家にたどり着きました。皆さんもきっと気に入ると思うのですが、この店の名前は「スター・ベース」といいました。

「中に入って、アシュタールが話したがっていると伝えなさい」

私たちがどれほど当惑したか、きっとお分かりいただけるでしょう。指示されるまま知らない場所へやって来て、会ったこともない人にメッセージを伝えよと言うのですから。それでも車を降り、とにかく中に入ってジョンが店主に自己紹介をしました。そして、「アシュタールが話したがっています」と、メッセージを伝えたのです。店主の反応といったら、言葉を失うどころではありませんでした！

「アシュタールが私に話したがっているですって？　アシュタールって、あの宇宙艦隊の司令官が、私に話したがっているというのですか？」店主がまず口にできたのはそれだけでした。最終的には、ジョンが店主に頼んで静かな場所を用意してもらい、私がそこに座ってアシュタールを呼びました。アシュタールが店主にメッセージを伝え終えたちょうどその時、店主の妻がやって来ました。「ハニー」と、店主は言いました。「まさかと思うだろうけど、アシュタールがここにいて、僕たちに話があるって！　僕はたった今メッセージをもらったよ！」

もちろん妻はびっくり仰天しました。そして、再度アシュタールが私を通してやって来て、彼女にもメッセージを伝えたのでした。その時になっても、彼らにはアシュタールが私たちを彼らの元へ案内したことがなかなか信じられずにいました。

この出会いでさらに注目すべきは、彼らが、アシュタールの宇宙船が着陸するためのビーコンを造るために、ニューメキシコから南カリフォルニアに引っ越してきたばかりだったということです。彼らの裏庭には、宇宙船が着陸するための目印としてメルカバー（マカバ）*またはビーコンがありました。

＊メルカバー（マカバ）とは、二つの正四面体が上下に組み合わさったもので、それぞれが逆方向に回転すると、人々を移動させることができる推進装置となるものを生みだします。聖書の中で預言者エリヤが乗ってきたものとして広く信じられています。

彼らは、アシュタール――アシュタール艦隊の司令官――に関するあらゆる本とあらゆる記事を大切に保管していました。それは、私がそれまでよく知らなかった、私のガーディアンの一面でした。彼らはアシュタールと繋がれる機会をずっと待っていて、そこにアシュタールがやって来たのです。自分の家の玄関まで歩いて！　それだけではありません、この夫妻は自分たちの娘にアシュタールと名付けていたのでした。

これは、その後の私の人生に日々驚きや喜びをもたらし続けた一連の出来事の始まりに過ぎません。

依然、私の中にはある程度の頑固さは残っていました。疑い深いと言われるかもしれません。それまでの二年間にわたる経験——一種の闇の存在に侵入されたり、頭の中の声にサンディエゴに引っ越すよう言われたり、実際にアシュタールと融合したり、トランス・チャネラーとしての人生が始まったり——を持ってしても、この懐疑心は私の中で生き続けていました。信じられますか？

これまでアシュタールと私は、アシュタールがここ地球上でとても重要だと感じる仕事にどう取り組むか、その方法を共に見出してきました。アシュタールは私に対し、とても優しく愛情を持って接してくれました。時には、ふざけることもありました。妻であり、教師であり、元セーリング狂でもあるこの小さなテリー・サイモンズが、アセンデッドマスターをチャネリングするという異例の分野で働くために選ばれたことを受け入れられるよう、アシュタールは手助けをしてくれました。次にお話しするのは、その一例です。

ある午後、私が交通量の多い南カリフォルニア高速道路を運転していた時のことです。前にお話ししたコンシャス・チャネリングの状態で、アシュタールが話しかけてきました。彼が私の空想の産物ではなく実在すること、また、いつでも私の安全を確保するという約束を守ることを証明したいと言ってきました。

「私にこの車を運転させてほしいから、体から出ていってもらえないだろうか」と、彼は言いました。信用することを学ぶとはまさにこのことです！

「要するにこういうこと？　私にトランス状態になって、あなたが高速道路で車をコントロールするのを許可してほしいというの？　冗談でしょう？」
アシュタールは答えました。「車はとても旧式の乗り物だけれど、宇宙船が操縦できるなら、間違いなく車も運転できるでしょう。どきなさい。あなたはあなたがやると言ったことをやっていて、私は私が言っている通りの存在であることを見せてあげましょう」

結局私は、南カリフォルニア海岸線に沿った高速道路を走る間、アシュタールに私の小さな車を運転させることに同意しました。私は脇に退き、彼に車をコントロールさせました。彼が支配権を握ることに、多少なりとも賛成できた時、私は自分の体からさっと出ていきました。私が肉体に戻ってきた時、私たちは何マイルも走っていて、その間アシュタールは事故なく地球の乗り物を運転したのです。これは「信じられないような話ですが！」という部類の話かもしれませんね。

アシュタールとの運転にまつわる話でいうと、もう一つお伝えしたいことがあります。家から四十マイル（約六十四キロ）ほど離れたアルパインでチャネリングをした後のことです。車のエンジンをかけながら、燃料計が残り八分の一を示していることに気がつきました。家まで帰るには到底足りない量です。しかし、ガソリンは家の近くの方がずっと安いので、スタンドに寄ってガソリンを満タンにしたくありませんでした。ばかげていると思われるかもしれませんが、私は「ガソリンを入れて。私を家に帰らせたいなら、ガソリンを入れて」とアシュタールに言いました。アセンデッドマスターがガソリンを補給するなどという一時的なことをしてくれるのかどうか、いちかばちか賭けているのだということを再確認させるかのように、小さな燃料計の警告灯が赤く点灯していました。

その時アシュタールが言いました。「そのまま進みなさい。私が面倒を見ましょう」

　その瞬間、燃料計の警告灯が消え、いきなり残量が四分の一になりました。運転しながら、もう一ヶ所行かなければならないところを思い出しました。それどころか、結局その後、夜に帰宅するまで、ずっと運転したのですが、ようやく家に着いた時には、ガソリンがタンクの半分以上入っていました。

　その日、移動中アシュタールは言っていました。「あなたの面倒を見ていることを証明しましょう。これからもずっと見守っていきますよ。私といればいつでも安全です」

　どうか誤解しないでください。どこかへ行くためにガソリンを満タンにしたり、電車のカードをチャージしたりしてもらうためにアシュタールを呼ぶようなことは、まずありません。これはまだ私たちの関係が浅い頃のことです。私はまだ懐疑的でしたから、アシュタールは、彼がどれだけ私のことを愛しているか、私が理解する手助けをしてくれたのです。

さて、私がトランス・チャネラーとして公に働き始めた頃の話に戻りましょう。

私は、書店やメタフィジカルショップ（この章の初めでアシュタールがジョンと私を向かわせたような店）を通して、セッションをし始めました。最初は、一緒に学んだレイキグループの友人や、メタフィジカル書店の得意客たちといった、ごく少人数がクライアントでした。しかし、すぐさま、アシュタールセッションで得られるメッセージの明確さが評判になり、個人宅の集まりにも招かれるようになりました。その集まりは、二〜三人の時もあれば、十〜十二人の時もありました。これは、私にとって、とても重要な過程となりました。彼らが、アシュタールの声としてやっていく自信を私に与えてくれたのです。というのも、この仕事を公にやっていくには、学校教師として働き続けることはできなかったからです。生徒たちに対して責任がある学校運営陣は、非物質的存在をチャネリングして回る者に対して好ましい印象を待たないのです！

南カリフォルニアで——店や個人宅で——行っていたセッションは、間もなく他州の人々からも注目されるようになりました。そして、アメリカ各地から、似た考えを持つ人たちの関心を集め始めました。やがて、アシュタールに他州まで来てほしいという要望が増え、見過ごせないほどになりました。ほどなくして、ジョンと私は、キャンパーシェル（居住空間）搭載トラックに荷物を積み込み、アリゾナへ、そして、さらにその先へと向かっていました。

私たちのアリゾナの旅は、ほとんどがクォーツサイトという町での活動となりました。クォーツサイトには——隕石の欠片や様々な貴石や半貴石を売買するために集まる人の他に——UFOの目撃を望む人たちが次々と来ていました。UFOファンの間では、クォーツサイトの夜空で目撃されるものが、本当に地球外飛行物体なのか、それとも近くのエリア51で研究されている何かなのかの議論が絶えませんでした。アメリカ政府が地球以外のどこかで造られた宇宙船を所有していると固く信じられていました。政府機関か何かが、その宇宙船を解析調査し、その技術を地球上で活用しようとしているという説が広く定着していました。これは疑う余地なく信じられていました。もちろん夜空を素早く横切っていたものは、地球外のものもあれば、地球のものもあったでしょう。アシュタールも、地球製と地球外製の両方の飛行物体が観察されているると認めています。

この町で集まった人々と共に、宇宙船を呼ぶことを試みたことも一度ならずあります。

よく覚えているのは、ある夜、一つの光に注目していた時のことで、一種の宇宙船だと信じ、私たちは自分たちの方へ呼び始めました。思った通り、その光は私たちの方へ動き始めました。その時突然、私は、その宇宙船が私たちにとって最高で最善である場合のみ近づき続けられることを確かめるべきだと思いつきました（思いついたと言いましたが、アシュタールが見守ってくれていたことは間違いありません）。私がこれを声に出して言うと、言葉が私の唇を通過するやいなや、その光は突如方向を変え、夜空から姿を消しました。

ジョンと私が数回にわたってクォーツサイトを訪れたのは、アシュタール連合——アシュタールの指揮の下、全宇宙に愛と平和を広める使命を持つ者が広範囲に散在する連合——の司令官としてアシュタールを知る人々と繋がるためでした。けれど、私たちの第一の目的は、悟りと愛のメッセージをできるだけ多くの人に広めることだと、最初からアシュタールが明確にしていたので、UFOグループだけに関わっているわけにはいきません。

私たちは、クォーツサイトから、私たちにとって最初の（そして残念ながら、唯一の全米ツアーとなる）ロードトリップを始めました。この数年の間に私たちはたくさんの奥地に行きましたが、それはアメリカを大きく一周する旅でした。

アリゾナからは、アメリカを横断して遥々ニューヨーク州バッファローへと向かいました。バッファローに到着すると、アシュタールに会いたがっている人々を訪ね、そこから西へと向かい、メタフィジカル書店や時には個人宅に立ち寄りながら、私たちの旅はオハイオ、そしてイリノイ州シカゴへと続きました。

この旅では、しばしば長時間の運転が必要となりました。ある晩遅く、シカゴを移動中のこと、ジョンは大変疲れていました。次の目的地までまだ何マイルもありました。するとアシュタールが私の中に入ってきて、心配しなくていいとジョンに言い、この広い都市を通り抜ける間、全ての信号を青にしてくれたのでした。これもまた、アシュタールが、彼の教えを広める私たちの生活を楽にしてくれた一つの例です。

ウィスコンシン州ジェーンズビルでは、私たちには全くそのつもりがなかったのですが、アシュタールに高速道路から出るよう言われました。またしてもアシュタールは、私たちが予定していたルートから遠くへ遠くへ私たちを導くのです。

そうしてたどり着いたのは、私たちの予定地からは遠く離れた、北アメリカパイソン（通称バッファロー）の土地でした。フェンスに囲まれた門扉に到着すると、そこにはシャーマンの絵や像が何百と飾られていました。手書きの掲示があり、そこが、いみじくもミラクルという名のホワイトバッファローの生誕地であることが示されていました。ネイティブアメリカンの間には、ホワイトバッファローが生まれると、それはイエスの生まれ変わりを意味するという言い伝えがあります。これまで多くの人がパイソンと牛をかけあわせるなどしてホワイトバッファローだと偽り、悪評を買ってきましたが、このホワイトバッファローは遺伝子検査を受け、本物だと認められていました。そして、その名前が「ミラクル」でした。ネブラスカへ戻る途中に、聞いたこともなかった生まれたばかりの子牛のところにたどり着いたのがミラクル（奇跡）だったように。アシュタールが私の人生にもたらしてくれたことの実に多くがミラクルですが、この時は、たまたま半トン（訳者注　ホワイトバッファローの赤ちゃんの体重）のミラクルでした！

さらに西へ北アメリカの大草原を進み、ネブラスカに到着した時、また一つ興味深い出来事がありました。まだこの点についてはお話ししていませんでしたが、アシュタールと融合してからというもの、私のエネルギーを読む力——人だけでなく場所のエネルギーも——は強化されていました。

平原を走っていると、周囲から際立って不快なバイブレーションが感じられました。高速道路から遠く離れていたにもかかわらず、私は、冷戦時代に造られたミサイル格納庫のバイブレーションを感じとっていた、または読みとっていたのです。その地下設備を通り過ぎる時、核弾頭の威嚇的なエネルギーを感じました。

ノースダコタでも、ネブラスカで感じたものとは明らかに異なるものの、一種の脅迫的バイブレーションを、控えめながら絶え間なく感じ始めました。すると、アシュタールが私に――というより、ジョンと私自身に言いました。

「ここで停まらないで。運転し続けなさい」

どのような潜在的な危険があったのか、私には全く分かりませんが、いいですか、アセンデッドマスターが進み続けろと言ったら、進み続けるのです！

そして私たちはカンザスにたどり着きました。その二、三年前にアシュタールとの仕事を始めた場所です。私がカンザスで勉強していたときに体験した奇妙なことを思い出してください――レイキのエネルギーヒーリングを初めて体験したこと、地下室にいた不穏なエネルギーのこと、ついにサンディエゴで新しいティーチャーたちを見つけるという導きを与えられたこと。そして再び、私たちはカンザスにいました。三年前の知人を何人か訪ねましたが、あまりに数多くの人生経験の後では、親密であった繋がりも、かつての知り合いに変わってしまっていました。

私たちの旅はさらに西へ、ワシントンとオレゴンへと続き、それからカリフォルニアを海岸沿いに南下しながら、呼ばれるところへ出向き、どこでも聴衆のいるところでアシュタールの言葉を伝えたのでした。

ホームに戻って

私たちは実にたくさんの場所で何百人もの人々に歓迎されました。全国を巡るツアーでとても心温まる思い出ができたので、この新たにできた友たちとの繋がりを保つため、サンディエゴに戻ると、私はアシュタールの教えを書いたニュースレターを発行し始めました。すると、あっという間に、隔月二千部ものニュースレターを印刷し、発送するようになりました。正確に言えば、ニュースレター以上のものであったと思います。それは雑誌の始まりでした。専門分野を担当するライターたちもいました。例えば、ある花について、その意味を書く花屋の女性がいましたし、毎号星占いを書いてくれる占星術師もいました。そして、もちろんアシュタールからのメッセージがあり、テリーからのメッセージがあり、少しだけ広告もありました。このニュースレターはどんどん大型化し、最終的には十八ページもの長さになっていました。

控えめな私がどうやって二千もの読者を集めたのでしょう？　私にとって、アシュタールの教えを読みたがっている人たちと繋がる方法は、ほとんどが口コミでした。時にこの繋がり方はドラマチックでもありました。どのように読者になったのか書いて送ってくれたある女性がいました。

ある日彼女が浜辺を歩いていると、一枚の紙切れが風に吹かれて彼女の顔に飛んできました。最初は単にその紙を捨て去ろうとした彼女でしたが、あまりに美しいビーチにごみを出したくありませんでした。すると思いがけず、その一ページに書かれていたある記事が彼女の目に留まりました。そして、そのページを読んだ後、定期購読したいと私に連絡してきたのでした。

このアシュタールの教えとの「偶然の出会い」もまた、アシュタールと私の協力的関係を表す一つのよい例です。

人々と繋がるのに一般的な方法——書店に売り込み電話をかけたり、イベントのチラシを貼ったり、そして、もちろん最も有効な方法である口コミ宣伝——を使うことは可能ですし、実際使いもしますが、いつも背景には（時には前面に）アシュタールの助けがあります。宇宙からの情報を求めている人々がその情報を見つけられるよう、アシュタールが手助けしています。時には、ラジオやテレビ番組、インターネットのインタビューなどで私が話す機会もアシュタールは作ってくれます。これらの機会はランダムで偶然のように見えますが、アセンデッドマスターと共に働き、彼のメッセージを地球上に広めようとする時、皆さんはこれらが本当に偶然だと思われますか？　私はそうは思いません！

初めての全米ツアー成功を受け、ジョンと私はもっと永続的にアシュタールの旅をしようと決めました。相当リサーチをしたうえで、私たちの移動ホテルとして古いグレイハウンドバスを購入することにしました。ご存じない方のために申し上げると、グレイハウンドバスとは、長距離高速走行に必要なサスペンションとエンジンを搭載したバスで、アメリカでのバス旅行なら、グレイハウンドというバス会社が最もよく知られています。私たちは、国の反対側の遠く離れたバージニアで一台の中古車を見つけました。持ち主はすでに旅客バスから、寝床とバスルームと居室を備えたキャンピングカーへ改造を始めていました。

ジョンと私はこのバスを購入しに、キャンパーシェル（居住空間）を載せたピックアップトラックでバージニアへ行きました。それは明るい赤とクロムカラーの四十五フィート（約十三メートル）のバスで、上部にずらりとライトが付いていました。街にやって来るカラフルなサーカスワゴンのようだなというのが私の最初の印象でした。交渉を済ませ、エンジンと車体に異常がないことを確かめてから、私たちは晴れてツアーバスのオーナーとなりました。ジョンがそのバスを運転し、私はピックアップトラックでその後についてカリフォルニアまで戻ったのでした。

カリフォルニアに戻った頃には、ジョンの命を奪うことになる癌が、深刻に広がり始めていました。しかし、彼はアシュタールのメッセージを世界に広めることに非常に献身的で、バスの改造を完了するため、何時間も何ヶ月も延々と懸命に頑張り続けました。生まれながらの職人であったジョンは、他の人に私たちの『ビッグ・レッド・バス』をカスタマイズしてもらうというアイデアには耳を貸そうとしませんでした。彼自身で全てをやりたかったのです。

しかし残念ながら、力仕事をする体力は見る見る衰えてしまい、彼がトランジション（死）を遂げた時には、私たちのバスの計画も、アシュタールと共に旅に出る夢も、果たされないままとなってしまいました。

『ビッグ・レッド・バス』

ジョンを看病していた数年の間、私は精いっぱい努力して大学に戻り、メタフィジックス大学で形而上科学の学士号と修士号を取得しました。

そこで私はより幅の広い形而上学を学びました。それにはスピリチュアルカウンセリング、形而上学の動向の歴史、そして大変難解な概念もいくつか含まれていました。私は教師になるために、すでに従来のカリキュラムの中でしっかりと教育を受けていましたが、もう普通の教室の内側を見ることはなさそうだったので——トランス・チャネラーという新しいキャリアがあるため——自分が働いていくことになる分野を、できるだけたくさん学ぶことは理にかなっていると思えたのです。

メタフィジックス大学では、プログラムの一環として正式な聖職者の資格も取得しました。一九九六年四月のことです。ですから、もしお望みであれば、レディ・アシュタールはあなたの結婚式を法的に執り行うことができます。私にとって栄誉なこととして心の上位にあるのは、アシュタールの声であることの次に、結婚式や洗礼式や人生の祝典といった神聖な儀式を人々のために執り行うことです。これまで幾度も教会の集まりに招かれ話をしたことがあります。私一人で話すこともあれば、話の途中でアシュタールが現れ、私のメッセージに対し彼の視点をもたらすこともあります。アシュタールが現れると、話はより一層パワフルなものになります。

ジョンを亡くし、私の人生には癒し難いほどの穴が開いてしまいました。彼は、私が非常に悪い状態の時に私の人生に現れてくれただけでなく、アシュタールと私のエネルギーの融合に一役買ってくれました。地球上で私のゲートキーパー（門番役）を務めてくれ、聴衆に私を紹介してくれたり、私がアシュタールを迎え入れるスペースを確保してくれたり、書店に電話してセッションの手配をしてくれたりと、レディ・アシュタールの全ての側面を手助けしてくれたのは彼でした。私は、どうやって前に進めばいいのか分かりませんでした。その結果、私は世捨て人になってしまいました。船に引きこもり、電話も取らず、セッションもほとんど行いませんでした。レディ・アシュタールは世間の目から姿を消したのです。

このような大きな個人的喪失によって、確信が持てなくなったり自信をなくしたりすることは、誰にでもあることだと思われるかもしれません。しかし、再び空が晴れ渡る前には、私が通り抜けなければならない、さらに深いレベルがあったのです。

ジョンの死後

その後の二年ほどのことを振り返ると、今では何が起こったのか分かります。アシュタールが私を見捨てたわけではありません——彼がそんなことをするなど決して思わないでください。実際何があったのかというと、私が悲しみに暮れ、アシュタールの導きを聞くことを止めてしまったのです。

その自ら課した、世界からの逃亡からようやく抜け出し始めた頃、アシュタールを世界に広めることができると断言する、一人の男性と働き始めました。確かに彼は、ジョンの生前に築いたクライアント基盤の一部を建て直してくれました。私たちはグループイベントを企画して、エスコンディードなどの地元の都市でセッションをするようになり、アルバカーキとその東を含む広い範囲を訪れるようにもなりました。再び、レディ・アシュタールと呼ばれるにふさわしいと、自分で思えるようになっていったのです。

私たちは共にアシュタールの仕事の再建に取りかかり、メタフィジカル書店を通してあちこちでグループワークをしました。ジョンと私が行っていたイベントの頻度に比べれば遠く及びませんでしたが。この友人と私は、アシュタールの仕事のためだけでなく、観光もしながら世界中を旅していましたから。

テリー　2004年

この期間は、私にとって回復の時間であったと同時に、アシュタールとの関係を再構築する時間でもありました。この時期にこの友人と分かち合った経験には感謝していますが、この新しいパートナーシップには何か不審な点がありました。

ある日サンディエゴに一人で戻ると（この友人がシカゴ旅行へ連れていってくれていたのですが）、ある男性から一通のEメールが届きました。それには、彼の妹が死んだのはアシュタールのせいだ、今後一切アシュタールの仕事を辞め、私のウェブサイトを廃止し、ニュースレターの発送を控えてほしい、さもないと私を告訴すると書かれていました。

この男性が言うには、彼の妹が癌で亡くなり遺品を整理していたところ、妹が生前受けたアシュタールの個人セッションの録音テープが出てきたということでした。その中でアシュタールは、彼女にリラックスする方法を見つけるよう伝えていました。ゆっくりお風呂に入り、力を抜いて瞑想するとよいとアドバイスしていました。この男性は、アシュタールが妹にすぐに医者に診てもらうように言わなかったことに対して怒っていました。医療ミスだと主張したのです。

私は唖然としてしまいました！　この男性とのコミュニケーション手段はEメールしかありませんでしたから、私はEメールで彼への説得を試みました。アシュタールがいなくなることで、何千人もの人生に及ぼされるダメージを考慮しなければならないことを彼に分かってもらおうとしましたが、彼は聞く耳を持ちませんでした。彼は全てのアシュタールワークの停止を訴え続け、そうしなければ、私を法廷に引っ張り出して、刑務所行きにするか、少なくとも多額の罰金を支払わせると言うのです。

このメッセージが来た後すぐ、友人がシカゴから戻ってきました。この友人は偶然にもコンピュータの達人だったとここで申し上げておきましょう。

これは詐欺で、この友人が関わっている可能性が高いとアシュタールは言っていました。この友人が私の家に来た時、私は彼の目をしっかりと見据えて言いました。「もしあなたがこの件に関わっていることが分かったら、ただじゃ済まないわよ」と。

明らかにレディ・アシュタールらしくない態度でしたが、私の世界が崩壊しようとしていたのですから、ご理解いただけると思います。

この話には多くの詳細がありますが、皆さんをそこへ引きずり込むのはやめておきます。これだけ言うにとどめておきますが、私はこの友人を私の人生から永久に追放し、弁護士の助言で、公のアシュタールワークを実際に数年間停止しました。「公の」と言ったのは、アシュタールが私を通してやろうとしていた仕事にひたすら専念していた人たちの小さなグループワークだけは続けていたからです。何をもってしても、また、誰をもってしても、彼らを制止することはできなかったのです。この期間、私は選ばれた人たちだけの小さなグループワークを密かにやっていましたが、世界的規模で言えば、アシュタールは語るのを止めたのでした。

マイク

引きこもりと回復の時期を過ごした後、私はマイクという男性と付き合い始めました。日常の煩わしさから逃れて田舎暮らしをしたい、彼はよくそう話していました。彼には引っ越したいと考えている土地があって、そこは人目に触れずに済む人里離れた場所なので、そこに越すのが一番だろうと彼は言いました。私はそのアイデアにとても共感しました。個人的なアシュタールワークしかしていませんでしたが、隠れてワークすることに胸が痛んでいたからです。

実際のところ、海を離れてもっと人目につかないところに居を構えることは、ジョンが病気になる前に二人の間で話題になっていたことでした。ジョンはどんな土地がいいかも語っていました。それは人里離れた丘の上で、限られた人しか来ず、公共のライフラインに頼らなくてもいい土地でした。井戸があって太陽光発電できるところを見つけることだって可能だと、彼は言っていました。完全に自然の中で生活することもできるだろうと。

マイクが私をドライブに連れて行ってくれたある午後、サンディエゴ郡の裏道を走っていた時、いつの間にか私たちはハムールという町の近くにいました。同じ郡の中にはハムールより人里離れた場所もあることはありますが、あってもわずかです。この辺りの道は全て片側一車線で、不動産物件のほとんどが十エーカー以上あります。ハムールはメキシコの砂漠地帯の最北部に位置していて、ここに住む人たちはほとんどが外部からの影響を受けない生活を選んでしている人たちです。

マイクとテリー

曲がりくねった道を走って、あるカーブにさしかかったところで、遠くに丘の頂きが見えました。そのカーブを回りながら、マイクが「あそこを見て」と誇らしげに言うのです。「あれが僕の話していた場所だよ。僕の土地だ」

実際に家を建てられる場所まで行くには、最後の百ヤード（約九十メートル）ほどを歩かなければなりませんでしたが、それは私にとってとてもワクワクするハイキングでした。この土地には、私たちが話していたもの全て――外部からの隔絶、眺望、自分たち専用の井戸、家を建てるのに最適な広い空間――がありました。そこに立って景色を見渡しながら、突然気づいたのです――これこそ、ジョンが思い描いていた土地だと。私は少しの時間黙って、マイクがこの完璧な場所を見つけてくれたことに感謝しました。その時、ジョンが「テリー、前を向いて生きるんだ。マイクは君にとって良きパートナーになるよ」と言ってくれたのが分かりました。その瞬間、宇宙の愛の祝福を心から感じました。

この後すぐにマイクと私は、新しい――自然の中の――家作りに取りかかりました。トレーラーハウス用の土地を整備し、水路を引き、太陽光発電装置を設置し、犬を二匹引き取り、ここをアシュタールセンターにする計画を立てました。やることは山のようにあり、私たちは新しい夢のため二人で一生懸命働きました。

私がまだ回復途中であることは自分でも分かっていましたが、それでも、私たちが「私の山」と呼ぶようになったこの丘の上では、再び安全だと感じられるようになっていました。それでもまだ用心深くはありましたが。

すでにお話ししたとおり、私はアシュタールのチャネリングを再び始めていました。このような人里離れたところに住んでいたので、セッションをするのに最も便利な手段は電話になりました。アシュタールに助言を求める人たちの核となるグループはずっといましたから、アシュタールが私を通してもたらすメッセージの評判は広がり続け、世界中の新しい人々と話をする機会が度々訪れました。

アシュタールを通して宇宙の愛と繋がることを求めている人たちが、直接「私の山」までやって来ることもよくありました。サンディエゴ周辺からだけでなく、アメリカ全土から訪れました。時には海外から――日本やタイ、ヨーロッパと繋がりのある人々――までもやって来ました。一度に六〜八人がセッションのため「私の山」に来ることもありました。彼らは昼食を持って丘の上までやって来て、セッションの合間に辺りをハイキングし、そしてまたアシュタールとの時間を過ごすのでした。

「私の山」を歩くと、西にはコロナド島や太平洋、東にはサンディエゴ盆地を囲む山々という素晴らしい景色を見ることができました。さらに訪問者たちは、トカゲ、ヒラモンスター（アメリカドクトカゲ）、タランチュラ、ガラガラヘビ、コヨーテ、ボブキャット、マウンテン・ライオン、野生ヤギといった地元の野生生物に遭遇する機会もありました。時には不法滞在外国人が、より良い生活を求めて歩いているところに出くわすことさえありました。

慎重にではありますが、私はまた自分の仕事を拡大し始めました。訴えると脅される以前に発展していたものは失ってしまいましたが、再び足場を固めるチャンスを手にしたのです。これは本当にとても前向きなことでした。メタフィジックス大学で博士号取得に向けての勉学も再開しました。

アシュタールと働くことの最も素晴らしい面の一つは、どんなに人生が泥沼に埋もれている時でも、自分のバイブレーションを高めるには、自分の内側に目を向けて、この愛すべきアセンデッドマスターの存在を感じさえすればいいということです。私がトランス・チャネラーだからと言って、誰でもたまには経験する程度の低迷状態がないわけではありません。何が違うのかと言うと、脇道に逸れたと感じたとしても、長い間逸れたままでいることがないことです。光への戻り方、人生がいかに素晴らしいかという認識への戻り方が自分で見つけられなかったとしても、アシュタールがそこにいて人生はギフトだということを私に思い出させてくれるからです。私の思考が悲しみや恐怖にはまり込んで抜け出せない時は、アシュタールがそこにいて私を引き上げてくれます。同じ理由でアシュタールの元へやって来る人の数は数え切れないでしょう。アシュタールはいつでもそこにいてくれます――私のために、そして、彼を求める全ての人のために。

十一次元のアセンデッドマスターとして、アシュタールは単に自らを捧げてサポートしているだけでなく、神、存在せし全て、または宇宙——呼び方は何でもあなたが最も親しみを感じるものでよいのですが——の非常に明確な側面として話をします。

最初の結婚の破局、癌と向き合いジョンの看病をした二年間、訴訟を起こすと脅された恐怖、これらの事柄を通してすら、アシュタールはそこにいて、私たちは誰しも神に守られ導かれているのだということを私が思い出せるよう手助けしてくれました。悲劇の中に留まるのは望ましい結果をもたらしません。それは実際には、愛の力の流れをブロックしてしまいます。愛は、悲劇と思われることも含め、全ての中に存在します。アシュタールがよく私たちに再認識させてくれる通り、無条件の愛に勝るものはないのです。

さて、それでは、私がその頃住んでいた「私の山」の話に戻りましょう。

私は慎重に仕事の立て直しに取りかかっていました。アシュタールを通して地球に宇宙の光をもたらし、人類を助けるという務めです。私が逃避していた間も、私から離れないでいてくれた数人が、私の仕事のことを他の人に話し続けてくれていました。アメリカ各地から、また世界各国からも電話がかかってくるようになりました。それらが正当な電話であることを確かめてから、小さなグループセッションに加え、電話でのセッションも始めるようになりました。

私を通してなされるアシュタールワークの評判は広がり続け、ジョンの生前に発行していたニュースレターがなくても、評判が広まる速度は日々早まっているようでした。人生はまた面白くなってきました。そして、アシュタールが私に入ってくるたび、私はより高いレベルへ引き上げられるのでした。

「私の山」での生活は、マイクと一緒に地球環境への負担を減らす生き方を次々考案するにつれ、ますます充実していきました。そんな時、それは起こったのです。

その時のことは、鮮明に覚えています。二〇〇八年十一月二十六日水曜日、感謝祭の前日のことでした。珍しく悪天候に見舞われていました。雨が叩きつけるように降り、風がうなり、人里離れた私たちの隠れ家へと続く砂利道は水浸しで滑りやすい状態になっていました。

日が落ちる頃、マイクが喉の痛みを訴え始めました。最初は不快感程度でしたが、私は心配していました。マイクは愛飲家でヘビースモーカーでしたから、それが私の不安を大きくしていました。午後十一時になる頃には、マイクは渋っていましたが、明らかに病院へ連れて行かなければならないほどの症状になりました。

一番近い病院でも九十分近く離れていました。その道のりのほとんどが狭く曲がりくねった道で、晴れた日ですら運転が難しいほどです。その夜は、通行不能に近い状態でした。

私に説得されて、ようやくマイクは病院へ行くことを承知しました。降りしきる雨の中、家から車まで彼を抱きかかえるようにして連れて行き、何とか助手席に座らせ、出発しました。

私は一番近くの消防署へ行って救急車を呼ぶつもりでしたが、マイクはそれを聞き入れませんでした。運転し続けるよう言い張るのです。その頃には、彼の喉の痛みは胸の痛みになっていました。マイクは私の方を向いて「心臓発作を起こしそうだ」と言い、今できる最善の処置は、たばこを吸って血管を拡張させることだと言うのです。私にはそれはとんでもない間違いに感じられましたが、私にはもう彼と言い争う余裕がありませんでした。私たちはすでに最善の策について堂々巡りの言い争いをしていました――彼は直接サンディエゴの病院まで連れて行ってもらいたがっていましたし、私は診療してもらえる一番近いところに行きたかったのです。

街へと続く高速道路にたどり着いた時、私は一番近い病院までどのくらい時間がかかるか計算していました。そして同時に、マイクに私が彼の希望に従っていないことを気づかれたら、どう言おうかも考えていました。その時、突然車のトランスミッションが機能しなくなりました。これ以上いったい何が、この夜の私たちに降りかかるというのでしょう?

マイクの方を向くと、彼は意識がありませんでした。意識不明に陥ってシートから体がずり落ち、脚がシフトレバーに当たってニュートラルに入ってしまっていたのでした。私の不安は一層高まりました。

すぐさまギアを戻し、次の出口を出ました。救急医療隊を呼ぶため、最初に目についたガソリンスタンドで車を停めました。車から飛び降り、助けを求めて叫びながら電話へと走りました——誰もが皆携帯電話を持つようになる前の話です。何とか車へ戻った時には、スタンドにいた人の一人が果敢にCPR（心肺蘇生法）を始めてくれていました。宇宙が、医療訓練を積んだ人の元へ私たちを導いてくれたのです。それでマイクは次の助けが来るまで、何とか生き延びることができました。

ようやく救急車が来てマイクを運び入れ、私は自分の車に飛び乗り、救急車の点滅する警告灯の後を追いました。

病院に到着するやいなや、マイクは処置室に運ばれ、あらゆる医療機器に繋がれ、意識の回復が試みられましたが、無駄でした。

マイクの望みを叶えるかどうか、私の肩にかかっていました。マイクは以前から、このような事態になった場合、延命処置は要らないと私に明確に示していました。彼は肉体から自由になりたがっていました。このような望みを叶えなければならなかった経験をお持ちの方なら、この指示を実行する苦悩をご存じでしょう。医師も看護師もできる限りのことをやり尽くし、それでもマイクが回復する見込みはないという現実に直面し、私は愛をもって唯一私にできることをしたのです――彼を痛みから解放したのでした。

私たちは七年間を共にしました。私の人生を立て直し、人々がそれぞれの課題を乗り越えるため、心から必要としているアシュタールの仕事を再構築した七年間でした。それが全て、サンディエゴの山麓で、雨降る暗い夜に終わってしまったのでした。

マイクの死の一年半前から、私たちは土地区分をめぐってサンディエゴ郡と裁判で争っていました。郡が私たちの土地を違法分譲地だと定めたため、土地の境界線をめぐる争いとなったのです。私たちは弁護士に何万ドルも払って、何とか立ち退きという事態を切り抜けようとしていました。なんてことでしょう！　私たちは、三十万ドルもかけてソーラー設備を取り付けていましたし、店や倉庫として使用している貨物船コンテナーや重機など、とにかくありとあらゆるものがありました。私たちは不利な立場にありました。そして、マイクが亡くなった今、私の知らなかった五万ドルの借金があったことが分かり、さらに、私たちが違法分譲地に住んでいたと郡が判断したため、多額の罰金を課せられる恐れがありました。
一つ一つの出来事が、人として私たちをより高い次元へ、そして最終的には悟りへと高める、そんな時期があるとしたら、それはこの時でした。アシュタールの揺るぎないサポートに加え、私には最後の切り札がありました――母です。

お母さん

先にも、母と私が素晴らしい関係だったことはお話ししましたね。母娘というよりむしろ姉妹のような関係でした。多くの姉妹たちがそうであるように、私たちにも一心同体である時期もあれば、ほとんど話をしない時期もありました。私、または母の人生に関わる人々の中には、母と私の間に割って入るような人もいれば、その人のおかげで母と私の仲がさらに親密になるような人もいました。

マイクが亡くなる前に母が「私の山」を訪ねてくれたのは一度だけ——一週間ほどの滞在——だったと思います。そして、母がサンディエゴまで観光しに来た時に、会いに行ったことが一度ありました。毎週話をしていた時期もありましたし、何ヶ月も話をしないような時期もありました。いつでも、私たちの愛は変わらず揺るぎのないものでした。

母に会った人は皆、いつの間にか彼女のことを「お母さん」と呼んでいました。母はそんな人だったのです——愛情深く、思いやりがあって、面倒見のいい優しい女性でした。

その数年前、母は子宮癌と診断されたことがありました。マイクと結婚していた時のことですが、十四ヶ月間、私は基本的にオレゴンの母の家に住み、母が元気になるまで看病をしました。暗く絶望的な枕元での寝ずの看病ではなく、母が体から癌を追い出すまでの間、私たちは一緒に出かけ、色んなことをしました。二人でとても貴重な時間を過ごすことができました。

マイクを亡くし、紛争中の土地をどうすべきか決めなければならないプレッシャーを抱えた今、母が私のために「私の山」までやって来てくれました。それは私にとって素晴らしいプレゼントでした。この困難な時に、母が私の側にいてくれたことを、私はとても感謝しています。

お伝えしたい母の話で、まだお話ししていないことがありましたね。ですからここでちょっと過去に戻ってお話しすることをお許しください。私がレイキマスターになったり、タロットやサイカード占いをしたりすることを母がどのように受け止めていたのか、また何より、私がアシュタールという存在のトランス・チャネラーであることを母はどう感じていたのか、これまで非常に多くの方から質問されてきました。それを表す、私のお気に入りの話のいくつかです。

私が初めて大きな手術を受けて入院していた、何年も前のことです。母は欠かさず見舞いに来てくれていました。手術を終えた午後、目覚めると、ベッドのすぐ横に母が立っていました。少し話した後、母からカード占いの小さな本を手渡されました。それまで母がそういったものに興味を示したことはなかったので少し驚きましたが、私はその本を受け取りました。母は、私が占いの練習ができるように、その日の夕方また病院に来る際にトランプを持ってくると言いました。母が部屋を出ていくとすぐ、私はその本を手に取って読み始めました。普通のトランプを使って占いをする方法が書かれたその本に、私はすぐに夢中になりました。実際にトランプで試すのが待ちきれない思いでした。

約束どおり夕方になって母が戻ってくると、すぐさまトランプを持って来てくれたか尋ねました。読んだことを練習したかったのです。「本なんて渡してないわよ。今日初めてここに来たんですもの。あなたが休めるよう来ないように言われていたの」と、母が言うのです。私はひどく驚きました。たった数時間前に母と直接話をしたことは確かでしたし、それに母からもらった本がベッドの横にあったのですから。

これが、私の超常能力について、初めて母と交わした会話の一部でした。

母が次の見舞いの際にトランプを持ってきてくれ、私がその本から学んだことを二人で試してみました。決して予想外のことではありませんでしたが、最初の練習の段階から私は非常に正確でした。母は、こういったワークをしないよう私を説得することもありませんでしたし、逆に激励することもありませんでした。ただ私がやることを受け入れてくれていました。

もう一つ私の大好きな話ですが、これは私がレイキのレベル２のトレーニングをしていた頃の話で、ちょうどレイキシンボルの使い方と遠隔ヒーリングの勉強を終えた時のことでした。母と私は電話でおしゃべりをしていて、母はその日の午後、愛犬のラディを連れてビーチへ行った話をしました。

「子供みたいに砂浜を走り回ったわ。ラディと一緒に砂丘を駆け上がったり、海に入ったりしたのよ。あんなの子供の頃以来だわ」と、母は言いました。とても気持ち良かったけれど、母は今になって体がこわばって痛み、家の階段を上ることもままならなくなっていました。

母には何も言わずに、会話を続けながら、私はレイキに取り掛かり、教わったばかりの遠隔ヒーリングを施してみました。数分もしないうちに、母は興奮して早口にまくし立てました。チクチクする感覚が体中を走るのを感じ、そして、ビーチへ行ってから悩まされていた痛みとこわばりが体から抜けていったのです。「何てこと！　信じられない！　これはすごい！」と、母は何度も言いました。もう痛みはありませんでした。それどころか、ここ数年間で最も元気になっていました。母は話せば話すほど、どんどん興奮していき、何を言っているのか理解できないほどでした。「お母さん、落ち着いて。私がレイキを使ったのよ。それで元気になったのよ」と言うと、母は黙って私が言ったことを理解しようとしました。

最初は、母にとって、九百マイル（約千五百キロ）も離れたところから娘が自分にレイキを施せるとは考えも及ばないことでしたが、私はさらに、レイキのプロセスとシンボルがどのように働くかを説明しました。

このヒーリングを行っているのは私ではなく宇宙エネルギーなのだということは、はっきりさせるようにしました。この話をとてもよく理解してくれた母を私は評価していますが、母は電話を切るとすぐにレイキの効果をもっと試さずにはいられなかったようで、数分も経たないうちに再度電話がかかってきました。痛みが消えただけでなく、試しに階段を上ってみたら易々と上れたという驚きの報告でした。母は自由に、そして完全に動けるようになっていました。この時以来、母はレイキのヒーリングパワーの熱烈な支持者となりました。

もう一つ母との意義深いひとときが、ジョンと二人で巡った最初で唯一のアシュタール全米ツアー中にありました。西海岸に到着し、南へ戻る途中に母の家に寄った時のことです。

最初は、私のしていることを全て母に話すのは気が進みませんでしたが、すぐに勇気を出して「お母さん、アシュタールに会ってほしいの」と、思い切って言いました。

母は常に新しいことに対してオープンで進んで学ぼうとする姿勢を持っていましたから、アシュタールを迎え入れると、母は笑いだしたのですが、それは喜びと驚きの両方に満ちたスピリチュアルな笑いでした。そして、あっという間に二人は楽しく話しだしました。母はアシュタールが大好きになり、アシュタールを前にすると少女のように舞い上がってしまうと、後になって私に教えてくれました。なんて素敵で愛のあることでしょう。

母が私のしていることを批判することは決してありませんでした。神からのメッセージを伝えている私の仕事を誇らしく思うということ以外、何も言いませんでした。母はキリスト教徒でしたから、アシュタールのことを話す時も、彼女にとって馴染みのある言葉を使っていましたが、彼女はアシュタールと過ごす時間が大好きでした。

話を二〇〇八年に戻しましょう。

マイクの死後、母は一ヶ月間私の家にいてくれました。母の滞在中に私たちは、その時私の人生に起こっていた様々な差し迫った問題から一旦離れることを決めました。そして、母の体にあざがあることに初めて気づいたのもこの時でした。私があざのことを聞いても、母は、母親らしい態度で取り合ってくれませんでした。私たちは、しばらくの間「私の山」の家を閉めて、物事を成り行きに任せることにしました。二〇〇九年二月、私は再び荷造りをし、しばらくの間母と暮らすためオレゴンへと移動しました。

オレゴンで再び母の体のあざに気づき、検査してもらうよう母に強く言うようになりました。

二〇〇九年三月、母が極めて侵攻性の強い白血病であるとの診断が下されました。医師は私を脇に呼んで、母が化学療法を受けたことがあるかどうか小声で尋ねました。母は以前癌を患ったときに化学療法を受けていました。その化学療法が今回の侵攻性白血病の要因であるようでした。今回も治療は化学療法でしたが、ほとんど効き目がなく、二〇〇九年五月七日、母は亡くなりました。

オレゴンで一人、ついに私には外部からのサポートが一切なくなり、ここを切り抜けるには自分の内面的強さに頼るしかなくなりました。この年は私にとって非常につらい年でした。

二〇〇八年六月に義理の弟が亡くなり、二〇〇八年十一月に夫が亡くなり、二〇〇九年四月に義理の父が亡くなり、二〇〇九年五月に母が亡くなり、母の死後間もなく、大好きだった母の犬ラディも死んだのでした。

失意の底から私を救ってくれたのは、やはりアシュタールでした。

第6章 復活

『Butterfly Blessings』

chapter 6

復活

クライアントの一人、ロレッタ・シュグルーは、過去二年ほどの間、アシュタールセッションのたびに、アシュタールに頼んで祈りの言葉をもらっていました。私の知らないうちに、ロレッタはその祈りの言葉を録音し文字に起こしていました。この頃はアシュタールセッションをたまにしか行っていませんでしたが、そんな中でロレッタがアシュタールにその書き溜めた祈りの言葉をどうすべきか聞いたところ、アシュタールはそれを本にするように勧めました。私は――あまり気が進まないながら――承知し、人々によりよく理解してもらえるよう、アシュタールが当時使っていた難解な言葉を別の言葉に置き換える手伝いをしました。これが、その後『Butterfly Blessings』という本になりました。

人生でかけがえのない人たちを亡くし、深い悲しみに包まれ、気がつくと私は、全ての人を自分の人生から追い出そうとしていました。そっとしておいてもらいたかったのです。しかし、チャネリングすることが自分のためになると再確認することになりました。アシュタールはいつでも私に生命力を与えてくれ、毎回彼と仕事をするたびに、少しずつ窮地から抜け出していきました。それはまるで毎回自分が生まれ変わっていくかのようでした。この時、私の仕事の最も重要な側面を、心から理解し始めたのです。人々が助けを求めて叫ぶ時、彼らは気づいていないかもしれないけれど、彼らに必要なのは、ただアシュタールに触れること、またはアシュタールに触れられること――彼らが求めているのは、そのエネルギーなのです。アシュタールの言葉だけでなく、アシュタールのエネルギーであり生命力なのです。

私は、仕事としてやってきた自分の役割が「ただの仕事」をはるかに超えるものなのだという考えを具体的に形にし始めていました。私がしていたのは、エネルギーのギフト、愛のギフトの一部となることでした。この愛――あなたを取り囲む無条件の愛――のギフトは、この素晴らしい愛の中であなたを包み込み、あなたを支え、あなたを育てるのです。あなたが本当に沈み苦しんでいる時、神の声を聞くこと――地球をはるかに超え、この世界を超える無条件の愛を感じることが、大いなる癒やしとなるのです。これが、私がこの役割にこれほどまでに身を捧げている理由です。聖霊、宇宙、神からの無条件の愛のギフトは何よりも強力で、全てを克服する生命力を与えてくれます。このギフトの一部となることは、そのこと自体が素晴らしいギフトであると、私は感じています。

ロレッタと『Butterfly Blessings』に取り組むことは、私に困難を乗り越える力を与えてくれました。衝撃的な喪失から私の魂を癒やしてくれただけでなく、この作業によって、私は博士課程の勉学に集中し直すことができました。さらに、もうオレゴンに住む必要はないということも悟らせてくれたのでした。

残りの二〇〇九年、ロレッタは私にとって天使のような存在でした。『Butterfly Blessings』を編集しながら、私はアシュタールの祈りの言葉のパワーに意識を集中することができ、博士課程を修了し、正式に牧会学博士テリー・サイモンズとなりました。

深い悲しみに関して非常に興味深いことの一つなのですが、悲しみは私たちの記憶を曇らせてしまうことができます。

私の物語――この『レディ・アシュタール ストーリー』――を語り始め

た時、私には、母の死後しばらくの間生きるのをやめていたという記憶がありました。しかし、二〇〇九年五月以降、実際に何があったのかじっくり順番に記憶をたどり始めると、自分がいかに忙しくしていたかが分かり、驚きました。

「私の山」でマイクと一緒に作り上げた家は取り壊さなければならなくなり、私は残りの荷物を全てハムールからオレゴンに移さなければなりませんでした。引き続き電話でのアシュタールセッションはありましたし、オレゴンやカリフォルニアなどでグループセッションも始めるようになっていました。

オレゴンの家から南へ二、三時間のところにシャスタ山がありました。シャスタ山は休火山で、日本の富士山と多くの類似点があります。このカリフォルニアのランドマークと日本で最も崇拝されているランドマークとは形まで似ています。だからこそシャスタ山は多くの日本人観光客を惹きつけるのかもしれません。シャスタ山はレムリアと称されるエリアの上に位置しています。

シャスタ山の息をのむほど美しい眺めに加えて、パンサーメドウズ（セント・ジャーメインのエネルギーの生地）や、レムリアの神殿（エネルギーバランスを反映して男性性または女性性のポータルを経由し地下都市の入り口に通じているところ）が、世界各国からの巡礼者を引き寄せています。

この回復期間中に何度か、この山で行われたスピリチュアルなイベントにレディ・アシュタールが招かれました。

これらのイベントを通して私はたくさんの日本人訪問者と知り合いになりましたが、その中の一人が洋子ヤマグチさんでした。その時点では、洋子さんがその後の私の人生においてこんなに大きな存在になろうとは、思ってもいませんでした。けれど、私たちの人生というのは、そういうものですよね？　一見関係なさそうなつかの間の出会いが、知らないうちに人生を変えるような出会いになったりするものです。

二〇〇九年のクリスマス、私の住むオレゴンの気温は華氏十度（摂氏マイナス十二度ほど）でした。この些細なことが最後の決定打となりました。アシュタールとロレッタが私の精神を癒やす助けとなってくれました。次は体を労わる時でした。新しい家を探し始めた私を、南カリフォルニアが呼んでいました。サンディエゴには多くの古い友人とアシュタールの友がいて、新たな出発の地としてふさわしく感じられました。昔よく行った場所へ何度か試しに行ってみて、再びサンディエゴが私のホームであると確信したのでした。

十二月、ほとんど友人のいないオレゴンで、未解決の「私の山」の土地問題を抱えたまま、私は骨まで凍りつくような寒さに耐えていました。二〇一〇年二月十四日のバレンタインデー、私は、快適な気候と楽観的な見通しの待つ南カリフォルニアに戻りました。どうせ行くなら、思い切って行こうじゃありませんか！

第7章　日本との出会い

スーツケースの中の顔

chapter 7

こんにちは、ジャパン

まだ「私の山」に住んでいた頃は、小さなグループセッションと個人セッションをやっていました。とても個人的なもので、私がアシュタールの仕事をしていることに対して訴訟を起こすことはないと信頼できる人たちだけの集まりでした。私が自ら逃避していた間でさえ、アシュタールの評判がいかに広まり続けたかはもうお話ししましたね。大変興味深い人たちが、これらの集まりに現れるようになっていました。

洋子ヤマグチさんは、「私の山」でのセッションに加わったうちのお一人でした。彼女は日本人で、広い人脈を持っていました。洋子さんからは、アシュタールと共に日本を訪れることをずっと勧められていて、私もアシュタールの教えを広めるためなら世界のどこへでも行くという意思を表していました。この頃たくさんの人が私のところへやって来て、「どこそこへ行った方がいい」というようなことを言いましたが、これらの提案のほとんどが、実際には実現していませんでした。

マイクの葬儀の後、洋子さんは私を脇に呼んで「私がクライアントを集めたら、日本に行ってみたいですか？」と再度尋ねるので、私は再びイエスと答えました。二〇一〇年の春、洋子さんから電話がかかってきて、その年のうちに日本へ行くと告げられ、私は喜びました。ただ、その年のうちというのは、同じ年の七月でした。私は二ヶ月で、新しい人生の大部分を占めることになることの準備をしたのでした。

実際のところ、自分が目の前にしていたのは、なかなか手強いことでした。

第一に私は日本へ行ったことがありませんでした。小学校で習った日本についてのかすかな記憶（その記憶の多くが中国と混同していました）と、テレビや映画で見た日本の断片的な映像が頭の中にあるだけでした。

二週間半の日本滞在に何を持っていけばいいのかしら？　日本の人が本当にアシュタールに興味を示すかしら？　どうやってコミュニケーションを取ったらいいの？　私はたった二、三語しか日本語を知りませんでした（スシ、テンプラ、トーフなど、新しい友人たちは私が日本語を知っていると言い張りましたが）。航空券は？　どうやって旅の手配をしたらいいの？　実際日本に着いたら、どうやって目的地まで行けばいいのかしら？　二匹の犬は？　家は？　誰が面倒を見るの？　それに経費の問題がありました。その当時の私は、ほぼその日暮らしでした。母の看病で、働いて収入を得る時間があまりありませんでしたし、貯金もほとんどありませんでした。立ち向かうべきチャレンジはいくらでもありました。

私たちが心配することのほとんどがそうですが、実際には私たちが恐れるほど心配要らないものです。

私は、犬の世話をしてくれる人と家を見てくれる人を見つけ、ポートランドからシアトル経由で日本への旅をなんとか予約しました。それから、服を買いに行きました（というより、行かなければならなかったと言うべきでしょう）。でも、どんな服を買えばいいの？　七月の日本では何を着ればいいのかしら？　仕事をすることになる東京は、夏は蒸し暑いので、ワンピースが妥当でしょうが、でもどんなスタイル？　何枚？　女性なら、旅行の服装にまつわる質問がいくらでもあることはお分かりになるでしょう。ありがたいことに、滞在先の女主人が親切にスタイルや素材などについてアドバイスをくれました。ひとたび全て解決すると、私は東京近郊の成田国際空港行きの飛行機に乗り込みました。十一時間余りのフライトですが、実は、私はいつも飛行機の中ではほとんど寝られないのです。

東京に到着すると、初めて入国審査と税関を通過し、洋子さんと洋子さんの妹の美紀さんに出迎えられました。私たちは洋子さんの車に飛び乗り、東京都心まで一時間余りのドライブとなりました。もし日本に着いたら全てが近くにあるとお思いでしたら、考えを改めてください！ でも、その景色と言ったら！ 私は見えるもの全てに一目惚れしてしまいました。住宅とその建築様式、都市近郊だというのに家屋の玄関先まで広がる田んぼ。まるでおとぎ話の中にいるようでした。

予約してもらっていたホテルに着くと、新たなカルチャーショックがありました。「ビジネスホテル」と呼ばれるホテルをお聞きになったことがあるでしょうか。私はこのホテルのことを聞かされていて、部屋の大きさを期待しないようにと言われていましたが、まあ！　日本の方々は概して生活空間がコンパクトですが、この部屋も例外ではありませんでした。ベッド、小さな机、クローゼット代わりに壁に取り付けられたフック三つのコート掛け、とても狭いバスルーム、テレビ（もちろん日本語の番組しか見られません）。それで全てでした。実際、ベッドの上以外スーツケースを開くスペースもありませんでした。救いは部屋がとてもきれいなことでした。どのみち部屋ではほとんど過ごさないので、広さは私にとって大きな問題ではありませんでした。なんといっても東京にいるのですから！

洋子さんと美紀さんが観光名所を案内してくれました。私は典型的な観光客のように高層ビルを見上げ、店の中を覗き込み、人々やバスや電車を観察しました。一度に全てを見ていました。東京にエッフェルタワーがあるのをご存じでしたか？　そうですね、あのエッフェルタワーではないですが、この都市の一番高いランドマークの一つである東京タワーを見た時、私はそう思いました。パリにあるのと同様、観光名所であり、ラジオ・テレビ塔としての機能を果たしています。そして、電車！　電車が絶え間なく走り、人の群れが行き交います。その人の流れを見て、一斉に流れてきた川が合流し、また様々な方向へ分かれていくイメージを連想したのを覚えています。よく観察してみると、一人一人がどれほど見事に行き来しているかが分かりました。それは、まるで絶え間ないバレエのようでした。

滞在していた十八日の間、私は朝から晩までアシュタールのチャネリングをして働きました。ほとんどが一対一のセッションでしたが、一回十人までのグループセッションも何回かあり、それには個人的なセッションも組み込まれていました。

誰もアシュタールに話をしに来ないのではないかという心配はすぐに消えました。一日は長く、個人セッションを十回行う日もあれば、十二回行う日もあり、これが初めての日本の旅で唯一問題が生じたところでした。元々のスケジュールは一セッション一時間——アシュタールとまるまる一時間——で組まれていました。私は人が好き——とくにアシュタールに惹かれている人たちが大好きですから、セッションに来られた方一人ひとりに挨拶をしたかったのです。さらに、アシュタールが彼らとの一時間を終えたら、私は彼らにお礼を言って二、三分おしゃべりしたかったのです。これが、きっちり組まれたスケジュールをひどいものにしてしまいました！　夜になる頃には、予定より二時間も遅れていることがしばしばありました。

公正を期して言うなら、これが全て私のせいというわけでもありませんでした。アシュタールはアセンデッドマスターで、時間や空間を超えた存在です。彼の教えを所定の時間内に制限するという概念自体、アシュタールの認識するところではないのです。私の家でセッションを行う場合は、アシュタールは彼の好きなだけ時間をかけてクライアントを教えたり癒やしたり慰めたりしていたのです。アシュタールと私は、この新たな時間のルールについて率直に話し合って、毎日定められたスケジュールから逸れないようにすることでアシュタールも同意しました。

今でもアシュタールは、セッションの際に、私が傍に置いている小さな時計を手に取り、それを指さして、セッションを受けに来られた方にこう言うことがよくあります。「これはあなたの神です。私の言うことは聞き入れなくとも、神が時間だと言ったら聞き入れるのですよ！」こうしたことが時間と空間内で、無限の存在と働くことのチャレンジの一つなのです。

他にも日本で働いてみて興味深いことがありました。それは、この日出づる国では、宗教やスピリチュアリティが全く違う見方をされているということです。アメリカではアシュタールは、懐疑的な目で、時には不信の対象として見られますが、日本ではアシュタール（ひいてはレディ・アシュタール）は、両手を広げて歓迎されます。その理由について、私はその後数年にわたって色々学ぶことになりますが、それを話し始めると一冊の本になってしまいます。ここでは、私が初めて日本へ行った時に経験した一例だけご紹介しましょう。

アメリカでアシュタールセッションを行う時、人々はジーンズや半ズボンなど千差万別ではありますが、皆カジュアルな服装で来ます。盛装して来ることはまずありません。日本の最初の頃のセッションで、一組のご夫妻が正装用の着物を着て来られました。これは、アメリカで言うなら、アシュタールセッションにタキシードとイブニングドレスで来るようなものです。このご夫妻は、アシュタールとレディ・アシュタールにできる限りの敬意を表していたのです。これには、言葉では言い表せないほど感動しました。何度となく日本への訪問を重ねた今でも、カジュアルな服装でセッションへ来られる方はほとんどいません。

これまでの数年間に気づいた他の違いについては、後ほどお話ししましょう。初めての日本は刺激的で、滞在した十八日間は慌ただしく過ぎていきました。気がつくと、日本の方々が示された愛で私の心は満たされ、感謝の気持ちを表すために持ってきてくださった贈り物を山ほど抱えて、アメリカへの帰途についていました。

ブライアンとテリー
2016年秋　マウイにて

旅の思い出

この節を始める前に、皆さんによく覚えておいていただきたいことがあります。私は何年にもわたって日本を訪れていますが、その間共に働いた方々からは愛と敬意と支援しか感じていません。私が訪れた都市の方々はとても親切で、私にとって家族のような存在です。旅を通していただいた人々の寛容さや思いやりのある行為に、私は心から感謝しています。この地球上で、私の旅をこれ以上心地よく、楽しく、学びの多いものにできる国は他にはないだろうと、私は信じています。

旅先では予期しないことが起こるものです。今からお話しするのは、私が日本で体験した、珍しくて目を見張る冒険のいくつかです。私の意図が伝わるように読んでいただけることを願っています。一緒に働く素晴らしい人たちがいなければ、悲惨なことになり得た出来事です。では、用意はいいですか？

まず、ご自分が知らない国に三ヶ月間滞在するための荷造りをするところを想像してみてください。予定は週ごと（時には日ごと）にしか分かりません。では、あなたが購入できるなかで最も幅広い用途で着られる服をスーツケース二つに詰めようとするところを想像してください。スーツケース二つが航空会社の規定です。あとは機内持ち込み手荷物とハンドバッグです。この旅では大抵の場合、あなたは——自立した女性として——これらの荷物を少なくとも三日に一度、自分で運ばなければなりません。電車に乗る時も、歩道でも、空港でも、タクシーやバスに乗る時も。服だけでなく、化粧品（日本ではほとんど売っていないブランド）、薬、お世話になる方々への贈り物、日本用の携帯電話、ノートパソコン、それに旅を快適にするものをいろいろ持っていかなければなりません。出発の三週間ほど前から、私は自宅のテーブルの上にこれらの物を並べ始めます。このようにして私の日本への旅は始まります。

出発の四十八時間前になると、全てをスーツケースに詰め、重さを量り、荷造りをし直して、二重のチェックをします。私の実際の旅は、玄関先に送迎サービスの車がやって来て、ずらりと並んだ荷物を車のトランクに積み込むところから始まります。運転手は私が運ばなければならない荷物の重さに驚きます。運転手でさえ、私の荷物を車に積むのに唸ったりうめいたりします。続いてチェックインがあります。ということは、荷物を車から空港カウンターまで運ばなければなりません。その後の移動のためのよい練習です。もっと簡単な方法はないかと、私はいつも他の旅行者の荷物を観察しています。

直行便だと日本まで十一時間ちょっとのフライトですが、私は飛行機ではほとんど眠ることができません。そして日付変更線があることも忘れないでください。日本へ向かう場合は一日失います。サンディエゴを水曜日の午後に出発したら、東京に到着するのは金曜日の朝です。これだけでも厄介です。日本から戻る場合は、東京を水曜日の夜九時に出発すると、十一時間ちょっと飛んで、到着するのは水曜日の午前十一時三十分です。いずれの場合も、時差ぼけを考慮して休憩時間を予定に入れておかないといけません。

日本に着いたら、荷物（時にはスーツケース三つに機内持ち込み手荷物と特大のハンドバッグ）を全部持って税関を通過し、そして交通機関へと移動します。二百ポンド（約九十キロ）もある荷物をやっとの思いで運んでいる時に、誰がパーソナルトレーナーを必要とするでしょう？　これと同じことを三ヶ月の間に少なくとも二十五回は繰り返します。

一旦地上に降り立つと、日本語をほとんど話せないという事実が現実となります。駅やバス停、タクシー乗り場への行き方を尋ねるだけで、独創的なコミュニケーションや、時にはジェスチャーが必要となります。ありがたいことに日本には喜んで助けてくれる方が多いですが、油断すると余計に移動する羽目になります。

ある時、松山から広島へ向けて高速フェリーに乗っていた時のことです。パーサーに「このフェリーは広島に行きますか？」と尋ねると、彼はうなずいて広島へ行くことを示しました。確かに広島へは行ったのですが、広島の停泊地が二ヶ所あったことなど、どうして私に分かるでしょう？　これは、単に次のフェリーで乗り過ごしてしまった港に戻ればよかったので、単純でちょっと楽しいミスでしたが。言葉がある程度話せないと起こり得る、些細なことの一つです。海の上ではもっと時間に余裕をもって行動すべきだという、いい勉強になりました。

一日中人と一緒にいますが、セッションが終わると、独りでお腹が空いていることもよくあります。日本語が話せないのに、どうやってレストランで注文するのでしょう？　行きたいレストランかどうか見極めることすら簡単ではありません――英語の看板なんてほとんどないのですから！

適当なレストランを見つけるのに救いとなるのが、多くのレストランの店頭に陳列されている、メニュー商品の楽しいプラスチック・リクリエーション（訳者注　食品サンプルのこと）です。写真つきのメニューを置いている店も多いので、私独りの時には、写真を指差して注文することも大いにあります。その結果、読み書きできない人の気持ちがよく分かるようになりました。

二、三度目の訪問でコンビニエンスストアも見つけました。ここで生活必需品を購入することができます。セブンイレブンなど、店名は皆さんにも馴染みがあるかもしれませんが、日本の品揃えは驚くほどで、アメリカとは大違いです。果物、野菜、ヨーグルト、ゆで卵、美味しい焼き菓子などをとてもリーズナブルな価格で買って、それらをホテルに持ち帰り、夕食にすることもできます。

やがて、スーパーマーケットも分かるようになりました。空腹時の私のための、飛躍的な大発見です！　アメリカ同様、私が欲しくなりそうなもの全てが揃っています。もちろん時には、棚に並んでいるパッケージから内容を推測する必要があって、ラベルを見て勘違いしていた――例えばヨーグルトだと思って買ったものが、実際はプリンだった――と分かってびっくりしたことは、一度だけではありませんが。

円を使うことには慣れましたが、会計の列に並んで、ホームタウンのスーパーマーケットでニッケル（五セント硬貨）を見分けるのと同じくらい簡単に五円玉を見つけることはできません。

ペットボトルの水？　とてもシンプルな買い物だと思われるかもしれませんが、日本には様々な種類のボトル入り飲料水があります。塩分が加えられているものもあれば、甘味料が入っているものもあり、ビタミンやカフェイン入りのものもあります。アメリカでは当たり前だと思っている些細なことも、海外を旅してみると、すっかり様変わりするものです。

医療に関しては、日本の医療は素晴らしく、私もお世話にならなければいけなかったのは、残念ながら一度だけではありません。

一度、風邪をこじらせて肺炎になってしまったことがありました。病気を押して何とかやり遂げようとしましたが、夜になって症状が悪化し、通訳をしてくれていた洋子さんに病院へ連れて行ってもらわなければならなくなりました。ゴホゴホ咳が出て高熱がありました。病院を見つけ――外国で救急受診できる病院を探すなんて、皆さんはしなくてよい経験であることを願います――検査の後、翌日は働けないと医師に告げられ、ベッドで休むよう強く勧められました。それは、アシュタールのクライアント――その中にはセッションのために半日かけてやって来てホテルを取っている方もいます――からセッションの機会を奪うことになります。私にとって、軽く受け止められることではありませんでしたが、役目を果たし続けたいのであれば、体を癒やすために時間を割かなければならないことを理解しました。

また、故郷から六千マイル（約九千キロ）も離れた地で、地元の野生生物との遭遇が医療緊急事態を引き起こしたこともあります。

伝統的な素晴らしい日本料理店で夕食を済ませた時のことでした。食事中、私たちは靴を脱いでいて、慣習に従い、自分の靴を棚の下の暗いスペースにしまっていました。帰り際、私をもてなしてくださった方々とお喋りを続けていて、靴を履く時に、まさか生き物が安らぎの場所を求めて靴の中にいるかもしれないなどということは思いもしませんでした。表に出たところで足に刺すような痛みを感じ、見下ろすと、ムカデが私の足の甲を越えて道路に出て、近くの下水溝に入っていくのが見えました。

まるで足に火がついたかのように感じられ、そのせいで、悲鳴を上げている理由を説明することすらままなりません。他の人は誰も私の足にムカデがいたのを見ていなかったので、何が問題なのか理解できませんでした。何が起こったのか言えるようになるまでに少し時間がかかり、またしても病院の救急処置室に運ばれることになりました。

ムカデに噛まれて、そのムカデに足を這われるなんて、私にとっては大変ショックなことでしたが、医師にとっては大したことではないようでした。家に帰ってお湯に足を入れるよう言われただけでした。

天候もまた、興味深い旅の障害となることがあります。一日の長いセッションの後に、私は別の場所へ飛行機で移動することになっていました。その日私が働いていた都市に向かって台風が進んでいました。台風は、アメリカのハリケーン同様、強風と雨で全てを破壊し得るものですが、私はいつも通り働き続けました。飛行機に乗るため空港に向かっている時に、全ての飛行機が安全な場所に移されてしまったことを知り、立ち往生してしまいました。次の日は、二、三百マイル（三、四百キロ）離れたところで一日中セッションの予約が入っていました。セッションを主催していた会社があらゆる手を尽くし、移動することができたのですが、結局、その三百マイルのフライトに、太平洋を渡るのに支払ったよりも多くを支払うことになりました。

そして、地震——これは、非常によく尋ねられることです。何年も日本を訪れていますが、正直なところ、私が地震を経験したのは一度だけです。

二〇一六年、大地震が熊本を襲った時、私は約二百五十マイル（約四百キロ）離れた高知で仕事をしていました。地震発生時、私はホテルの七階にいました。皆さんも、日本の建物はほとんどの地震に耐えられるよう耐震構造になっていると聞いたことがあるでしょう。けれど、地震で七階建ての建物が揺れたら、どんなにその建物が構造的に堅固であったとしても、その揺れは極めて記憶に残るものです。熊本で命を落とした方々を思うと、今でも胸が痛みます。

地震による破壊と荒廃は、今も私を苦しめます。

福島の原子炉を破壊した東日本大震災が発生した時、私はカリフォルニアの自宅にいました。予定されていたツアーがありましたが、多くの人から日本へ戻らないよう警告されました――そして、キャンセルしたとしても、日本の方々が理解してくださることも私には分かっていました――けれど、アシュタールと働くことには、喜びと共に責任も伴います。毎回日本へ行くたびに何百人もの方がアシュタールの導きを頼りにやって来るのです。ですから、中止にして彼らを見捨てることなど私にはできませんでした。

日本へ向かう前のいつもの健康診断で、日本で私がさらされるかもしれない危険性について放射線科医師に聞いてみると、東京、またはそれより南にいる限り、ほとんど心配する必要はないと説明してくれました。気をつけたいのは、産地の定かな水や食べ物だけを摂ること、また、空気中の放射性粒子を除去するためによくシャワーを浴びることでした。つまり、何も心配することはなかったのです。アシュタールも、私が放射能の影響を受けないように、ある特定のサプリメントを毎日摂ることを勧めてくれました。

日本へ向けて飛び立つ頃には、勧められたことに従っていれば、健康について心配することはほとんどないと、ほぼ確信できるまでになっていました。

しかし、飛行機に乗ると、私の確信は間違っていたのではないかと思い始めました。通常満席の飛行機が、半分以下しか埋まっていなかったからです。原子炉事故のせいで、日本への旅行者が大幅に減ったことがすぐに分かりました。日本から出る便は変わらず満席でしたが、汚染の恐怖が日本行きの乗客の数を著しく減少させていました。

日本へのフライトは十一時間ちょっとかかるうえ、日付変更線を越えるため一日失うという話はしましたよね？　午後五時に家を出ると、東京に着くのは翌日の午後四時五十分です。時計の上では、ほぼ二十四時間移動していることになります。言うまでもなく、日本到着時には少々疲れています。

このフライトが成田国際空港に着陸した時――福島の事故から約一ヶ月後、機内は半分以上空席で――私はすでにわずかながら不安になっていました。入国手続きを済ませ、ホテルまでバスに乗るために東京近郊の夕暮れの空の下に出ると、いつもは人が大勢いる成田空港の到着エリアが、人がまばらにしかいません。都心へと向かう高速道路の交通量も異常に少なく、街中の道路もほとんどひとけがありません。わずかであった私の不安は数段高まりました。何だかとんでもないことに巻き込まれてしまったんじゃないかしら？

「金曜日の夜だというのに、どうして世界で最も賑やかな都市の一つが、こんなに空いているの？」と、私は思いました。

やっとホテルに着き、フロント係に聞いてみました。どうして道路がこんなに空いているのですか？　私が移動している間に、何か人々が居なくなるようなことがあったのですか？　金曜日の夜のラッシュアワーで、道路は人で埋め尽くされているはずなのに。いつもは物事をポジティブに捉える私も、深刻な状況に足を踏み入れてしまったのではないかという恐怖に押されていました。フロントの男性が「ゴールデンウィークで、皆出かけているのですよ。それに、今日は金曜日ではなく土曜日ですよ！」と、笑顔で答えてくれました。大きな安堵の波が押し寄せました。

そうだ、ゴールデンウィークだ！　ゴールデンウィークとは、日本のサラリーマンなどが連続休暇を取れる時です。皆旅行に行きますし、店も休みになり、医師さえも街を離れます。ですから、至って正常な状況だったのですが、私はあまりにも放射能汚染の心配で緊張していて、このことをすっかり忘れてしまっていたのです。レディ・アシュタールだって、ナーバスになることから逃れられるわけでありません！　自分のための覚書——取り乱す前に、カレンダーで祝日をチェックするように！

完全に安全だから心配しないように、とアシュタールから言われていたにもかかわらず、不安から、その助言より自分の恐怖の方を優位に立たせてしまったのだということも述べておきます。ばかげているでしょう？

もう一つ、日本ツアーを始めた頃、大阪で驚くほど奇妙な出来事がありました。

私は高熱と咳でひどく具合が悪く——あまりにひどいので、病院に行って医師から解熱剤と体に侵入した菌を殺すための抗生剤を出してもらっていました。その薬を飲んで、ホテルのベッドで休んでいました。

布団の中にもぐり込み、熱で汗をかきながら、いつの間にか眠ってしまっていました。突然、少し目が覚め――少しだけ、ちょうど睡眠と覚醒の間で――カンザスで聞いたのと同じ声が聞こえてきました。光の玉が私の体の中に入ってきたのを覚えていますか？　あの脈打つ光の玉は声を持っていましたが、それと同じ声が「あなたは安全です。私たちがここにいます」と言うのです。

自分に熱があることは分かっていましたし、おそらく多少意識ももうろうとしていましたから、私は自分の耳を疑いました。少し意識を集中させてみましたが、やはり「あなたは安全です。私たちがここにいます」という声が聞こえてくるので、私の疑念は一歩後退しました。枕元にあったスーツケースは、病気で疲れ切ってベッドに潜りこんだ際にぞんざいに脱ぎ捨てた服で溢れていて、寝返りを打ってそのスーツケースを見て驚いてしまいました。顔が二つ、そこから私を見ているではありませんか！　映画『E.T.』をご覧になったことはありますか？　私を見ていたのは、ちょうどあの映画の宇宙人と同じような顔で、スーツケースからじっと私を見ていました。私は携帯電話をつかみ取り、「誰もこんなの信じないわ」と思いながら写真を二、三枚撮りました。今でもその写真は持っています。写真がなければ、ただの思い違いだと思っていたかもしれないので、撮っておいて良かったと思っています。彼らは六インチ（約十五センチ）くらいの大きさで、「あなたは安全です。私たちがここにいます」と言い続けていました。

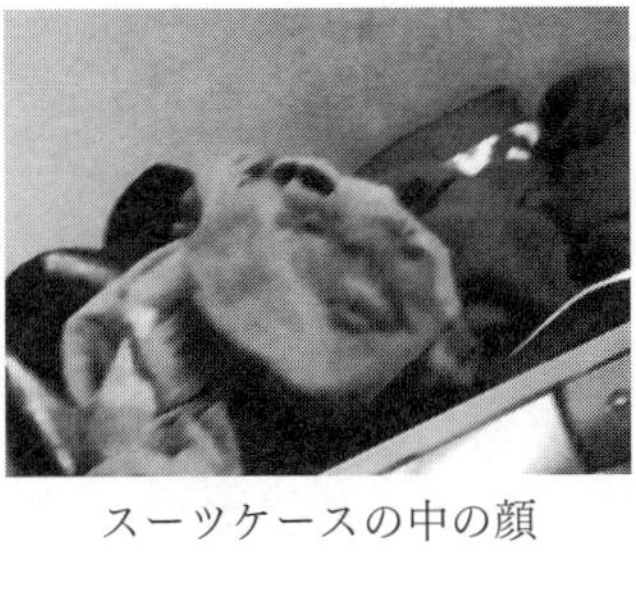
スーツケースの中の顔

朝目覚めた時、熱は下がっていました。熱が下がっただけでなく、前夜の病の名残らしきものが一切消えていました。大抵、熱や痛みのあった翌日というのは、気分が良くなっていたとしても、熱や薬の後遺症のようなものが付きまとうものですが、この時は、まるで病気になんてならなかったかのようでした。

完全に目覚めると、まずは、前夜のお友達がまだいるかどうかスーツケースの方を見て、朝の光の下で写真を何枚か撮ってみましたが、あの顔はもうそこにはいませんでした。もちろん少し残念でしたが、顔が二つあったところを見て私は笑ってしまいました。そこにあったのはストッキングでした。ストッキングにプロジェクションかホログラムのように顔が現れていたのでした。熱のせいで見た夢だと片付けてしまっても構いませんが、彼らがそこにいたことを、皆さんに（そして私自身に）証明できる写真があります。その夜撮った写真の一枚を本書にも載せておきますので、どうぞ皆さんご判断ください。

外国を旅すると小さな出来事がたくさん起こるものです。楽しいこともあれば、少し怖いこともあります。けれど、はっきり申し上げておきたいのは、日本の旅で私にどんなことが起きようと、私は常に、周りの人々が愛情深く思いやりがあって、旅人である私に進んで手を貸してくれる寛大な人たちであると確信して、動き回ることができるということです。

思いがけない出来事とたまの厄介な出来事の話で楽しんでいただいたので、今度は、日本で働きながら経験した、驚くほど素晴らしい場所や出来事についてお話ししたいと思います。

日本での楽しみと冒険

この話を始める前に、どうして日本がこれほど私にとって重要なのか、どうしてこの話が母国についてでないのかについてお話しする必要があります。

アメリカにもスピリチュアルに傾倒している方――私が求めているのと同じ悟り、つまりアシュタールが世界中に伝えたがっているのと同じ悟りを追い求めている方々――は大勢います。ただ、日本の方が、これらの教えを聞いたり体現したりすることに対するオープンな態度や積極性があるようで、それらを見つけるのがアメリカより容易だというだけのことです。

例えば、どの市町村にでもある神社と寺は、そのほとんどに鍵をかけられることがありませんし、少なくとも一部がいつでも誰にでも開放されています。東京の通りを歩く人々は、ちょっと時間を取って、賑やかな通りに沿って佇むその「小さな聖地」に立ち寄り、祈りを捧げたり、導きを求めたり、故人をしのんだりすることができますし、実際にそうしています。また、数え切れないほどの場所で、寺院を中心とした大変美しい公園が形づくられています。

日本でお会いした人々の多くが、特別な宗教を持たないとおっしゃいます。もっと正確に言えば、個人的な義務の際は仏教徒、結婚式や誕生祝いや先祖の霊を祀るといった特定の儀式の際は神道主義とおっしゃいます。

このように、霊的な表現が多様な形を取ることに対して寛容な文化においては、神は私たちの周りにいるという考えに加えて、神は特定の人や特定の表現を選ばないという考えも受け入れやすいようです。

トランス・チャネラーの私にとって、この寛容さは、アシュタールが私たちに聞かせたがっている教えに耳を傾けることに対して心が開かれた人々へと繋がる鍵なのです。アセンデッドマスターであるアシュタールは、私たち全員に個人の選択があることはよく分かっています。私たちが、人生を楽にし、争いを解決し、自ら課した束縛から自由になれる真理を聞き入れることができた時、アシュタールはそれを称賛しますが、でも、もし私たちがその時は聞き入れる選択をしなかったとしても、その教えは私たちに準備ができるまでそこにあります。これが、日本人の精神性にあるワンネス（一体性）とぴったりと合致するのです。

そして、私がこれほど日本の方々と深く繋がり、この美しい国を愛しているもう一つの理由は、日本が私の命を救ってくれたからです。日本が私の命を救ってくれたなんて、大胆な発言です。けれど、母や夫といった私の人生で大切な人たちを失った後のことを思い返すと、私はアシュタールの声であることをほとんど辞めてしまっていました。確かに、あちらこちらで小規模のチャネリング――シャスタ山のイベントにアシュタールを迎え入れたり、時々電話セッションをしたり――は、していましたが、ある意味、私は焦点を見失っていました。洋子ヤマグチさんが私の最初の日本訪問を企画してくれた時に、私の逃避は終わったのです。私の深い悲しみはようやく解決の道を見つけ、私は感謝と共にそのチャンスをつかんだのです。日本が私の命を救ってくれたというのは、やはり大げさではありません。単に事実を述べているに過ぎません。

日本を旅する幸運に恵まれ――決して日本の全てを見たわけではありませんが――特に私の目を引くことの一つに、いかに日本の文化が創造性に富んでいるかということがあります。

例えば和歌ですが、日本には和歌に対するとても深い愛があります。天皇の中に高名な歌人がいるほどです。

元美術教師として私が惹かれるのは、日本文化の芸術性です。絵画、水彩画、書道、染物、版画、陶芸など、何であっても芸術性が見られます。日本の陶器は非常に素晴らしいです。どこにでも売っているような美味しいデザートでさえ、創造性を持って作られています。

東京・立川市にある線路の下のトンネルには、子供らしいものから洗練されたものまで、たくさんの壁画が描かれています。私を招待してくださった女性が、私にこの壁画を見せようと連れて行ってくださり、初めてこのトンネルを歩きました。寺院の守り神とうさぎや天使が描かれている壁画がありました。地球を描いたものもあり、そこには、遊んでいる動物たちと堂々とそびえ立つ山々が描かれていました。この壁画を見て私は、アシュタールがスターシードたちに話す話を思い出しました。彼はよくこの青く美しい惑星の話をします。その黄金の土地が壮大なアセンションとともに生まれ、水や虹が光り輝き、木々が美しい生命の覆いとなる様を。そのシンプルで子供っぽい壁画を見ていくと、なんと、その山々の上に宇宙船が描かれていました！さらに、その宇宙船の中に人が一人立っていて、その胸には大きな「Ａ」の文字があるではありませんか。何ということでしょう、高架下のトンネルにアシュタールがいました！　私はホームに帰ってきたような気持ちになりました。

この他に、日本で私を笑顔にさせてくれるものに、ある人々の服装があります。お気に入りのアニメキャラクターの恰好をする若者たちです。特別な日やイベントでなくても、彼らはしばしばコスチュームを来て、昼間から出かけるのです。街に出て、全身アニメキャラクターのコスチュームに身を包んでいる人とすれ違うのはとても楽しいものです。

ある時――広島辺りだったと思いますが――復元されたその町の旧市街地に、友人が連れて行ってくれたことがありました。そこには改装されたセンチュリーハウス*がたくさん建ち並んでいました。

＊センチュリーハウスとは、アメリカ人が一八〇〇年代の優雅な家を保存するように、映画等で見られるような伝統的な日本家屋――引き戸で仕切られ、天井が低く、畳が敷かれた昔ながらの優雅なスタイル――をできる限り保存した家のこと。

まるで博物館の中を歩いているようでしたが、そこには人が住んでいます。私たちが一軒の家から出ようとした時、そこに小さなスリッパが一足ありました。スリッパというより、むしろバレエシューズのようでしたが、ねずみに見えるように飾り付けされていました。目があり、耳があり、鼻があり、ひげまで付いていました。その隣には、猫の顔をした男性用のスリッパがありました！　それはとても可愛くて芸術的でした。

日本で私の胸を打つものの一つに、行く先々で贈り物をするという風習があります。日本の方々はその贈り物を「土産」と呼びます。ほとんどの場合、その土産品は食べ物で、贈答用に巧みに包装されており、クッキーやケーキといった何らかのスイーツであったりします。どこへ行くにも、何かしら贈り物を持っていきます。他の招待客たちと一緒に食べられる食べ物であることもよくあり、その贈り物が振る舞われるときには、いつもお茶も一緒に振る舞われます。

レディ・アシュタール
2017年春の日本ツアー

年末には、従業員が雇い主に感謝の贈り物をすることもよくあります。これは、アメリカでも知られないではないですが、ある年のクリスマス時期に沖縄の通りを歩いていた時の思い出をお話ししましょう。私は美しく包装されたギフトの数々を鑑賞していました。その時、贈答用に包装されたインスタントコーヒーを見つけて驚いたことがあります。コーヒーのギフトのすぐ隣には、美しく包装されたスパムの箱がありました。包装され、上司や大切な人に贈られる準備の整ったスパムがずらりと並んでいました。私は、煎餅や麺類やカレー、もしくは特別な魚や高級食品など、もっと伝統的な食べ物を想像していましたが、そこには日常の製品が並んでいました。お世話になった人への感謝の表し方として、なんて楽しくてチャーミングな方法なのでしょう。

アメリカの方は、一般的な日本の家はとてもコンパクトで効率の良いレイアウトをしていることを思い出してください。実用的な消耗品の方が、ただ場所を取るラーヴァランプや電化製品などより、ずっと思いやりのあるギフトなのです。

日本を旅する機会をいただき、私はこの国の多様な風景に魅せられてきました。日本はカリフォルニア州よりも小さな国だということを覚えておいてください。ロサンゼルスやサンフランシスコ同様、東京や横浜や広島といった日本の主要都市はとても混雑しています。そしてロサンゼルスやサンフランシスコと同じように、家々が広がる郊外の住宅地があります。それから田園地帯があります。

新幹線、または普通電車であっても、街から街へ移動しながら田舎の風景を見るのが私は好きです。人々が働く田んぼ、地主や地元の店に提供する作物をつくる畑、見事な森林地帯など、いたる所に美しさと驚きがあります。

日本の誰もが敬っていると思われるものの一つに富士山があります。富士山は、日本の美しい島々を見守る女神として存在しています。日本に来るまで、私はこれを十分には理解していませんでした。日本は、カリフォルニアのようにひと続きの陸ではなく、島々が連なる列島です。それぞれの島に固有の文化的影響があり、その土地その土地に注意を払えば払うほど、それぞれの違いが見えてきます。けれど、日本中どこへ行っても、富士山の影響は共通してあるのです。富士山は、日本人だけでなく、その山の存在感に気づいた人なら誰にとっても中心的存在です。日本の方々の自然との付き合い方は本当に美しいです。

もちろん私が日本へ行く意味は、田舎や人々の美しさだけではありません。日本での私の時間、仕事、目的は、霊的成長です。アシュタールと話しに来る人々のことだけを言っているのではなく、私自身のことでもあります。この土地の本質は、私にはスピリチュアルに感じられ、私に前進するよう、上昇するよう呼びかけてくるのです。

これまで光栄なことに、レディ・アシュタールとしてチャネリングするために、数え切れないほどの神社や仏閣へご招待いただきましたが、それらの多くが全く同じ神聖な空間を共有しています。さらに光栄なことに、私がこれまで生きてきた人生とこれからも生き続ける人生の目的である悟りを、多くの僧侶や和尚たちが認めてくれています。そして、普通の外国人観光客や、普通の日本居住者でさえ見られない特別なエリアにも何度かご招待いただきました。これからお話しするのは、私がとても大事に心にしまっている思い出の一つです。

それは、仏教の僧である空海の話から始まります。彼は、この地球上で七七四年から八三五年までを生きた、経験豊富なエンジニアであり、学者であり、詩人であり芸術家でした。空海は修行をして自ら僧侶になった私度僧でしたが、神をもっと理解し、教えを超えたいという思いが非常に強く、日本の故郷を離れ中国へ渡りました。中国へ行けば、サンスクリット語のスートラ*に書かれていることを、より深く理解できるかもしれないと考えたからです。

＊スートラ（sutra）とは、ヒンドゥー教や仏教の経典で、聖書やコーランのようなものです。文字通りには「糸」の意味で、医学用語 suture（縫合糸）の語源です。

その頃、スートラは日本にもたらされたばかりで、空海は、彼を悩ませ続けていた儒学者の教えに関する疑問にスートラが答えてくれると信じていたのです。彼は驚くべき生徒で、他の人が二十年かけて学ぶようなことをたった二年で学んでしまいました。

彼の師は空海に、日本に戻って習得した密教を広めるようにと指示しました。師は、多くの人が空海の歩んだ道をたどるだろうと言いました。

空海は、全く新しい形の仏教——密教——と共に日本に戻り、非常に実用的な方法でその思想を日本に広め始めました。日本中に全部で八十八の寺院を建て、その各寺院を、新たな仏教を教える場としてだけでなく、水の貯蔵やその他の人生を豊かにするものと合体することによって、その地域の人々の役に立つ場所として機能させせました。

今日、この寺院全てをお参りすることは巡礼とみなされています。ちょうどスペインのカミーノが、悟りの道を探る信仰心の厚い巡礼者たちを引き寄せるのと同じように、空海の路は、空海を敬って袈裟を身に着けて歩く巡礼者たちを引き寄せるのです。

私は、空海の寺院の一つである高野山へ、依頼されてチャネリングをしに行ったことがあります。実は、これまでチャネリングをしに招かれた寺院の名前を見返したところ、それらは高い割合で、空海に建てられたものか空海を祀った寺院でした。

空海が産湯に入ったとされる場所——たらい状に彫られた石——にも行ったことがあります。空海が瞑想をしていた洞窟へも行き、初めて悟りを開いたと言われるスポットへも行ったことがあります。空海と私には、簡単には説明できない繋がりがあるのです。

その日の観光客の群れが高野山を去った後、私たちのグループは洞窟の静けさの中にしばらく留まるよう勧められました。私は空海の存在を非常に強く感じ、ずっとそこに居られそうな気がしました。座って瞑想する空海の姿が見え、洞窟の小さな岩棚の上には、彼の両親の存在も感じられました。ただただ神秘的で、とても神聖でした。

山々に囲まれた高野山は、空海の眠る場所です。風にそよぐ木々の中に、洞窟の壁に、私を取り囲む空気の中に、空海の存在を感じることができました。

その晩、私たちはその寺院で一夜を過ごしました。僧侶たちが用意してくれた食事を食べ、僧侶と同じように寝て、朝になると、僧侶たちがお経を唱えているところへ行きました。それが終わってから、私たちはとても驚かされました。極めて神聖な場所である寺院の地下へ招待されたからです。そこで寺院とその周辺、崇拝されている芸術品の歴史について説明していただきました。そして、本当に驚いたことに、小さな部屋に通されました。そこには、銅と思われるものでできた五、六インチ（十三～十五センチ）ほどの高さの涙の形をしたものが置かれていました。真ん中には直径一インチ（約二・五センチ）ほどの穴があり、私たちは一人ずつその穴の中を見るようにと促されました。私の番が来て中をのぞき込むと、そこには仏陀の骨がありました。おそらく米粒くらいの大きさだったでしょう。

仏陀の遺骨についてどうなったのかご存じない方のために申し上げておくと、仏陀が亡くなって火葬された後、遺骨は九人の遺族に分けられました。これらの貴重な仏舎利は何百年もの間厳重に守られました。ほとんどは保護保全のために神聖な塚の中に埋められました。これらの塚は、一つを除いて全てがアショーカ王によって掘り返され、仏舎利は回収されました。唯一、ネパールのルンビニ郊外にあるラーマグラーマ仏舎利塔だけが元のまま残されました。どんな仏陀の遺品が隠されていたのかは謎ですが、アショーカ王によって他八つの仏舎利塔から掘り起こされた遺品と仏舎利は、その後その王国の信頼ある高貴な人々に分配されました。それから何世紀にもわたって、代々仏教の師に受け継がれる中、価値があると判断された者だけが、仏舎利を一目見ることができたのです。寺から寺へと東へ渡っていくうちに、その大きさは徐々に小さくなっていきました。ネパールにある仏陀の埋葬塚だけが、今も未開のまま残っています。

私――レディ・アシュタールであるテリー・サイモンズ――は、そこで、仏陀の骨のかけらをじっと見つめていました。それは純粋な白色をしていました。私はその仏舎利のすぐ近くにいて、数インチしか離れていなかったでしょう。私は深く感動していました。それは、今この話をしながらも私の心を動かすほどの深い感動でした。世界を変えた人の遺骨のかけらが、実際に目の前にあるのです。それは、私の精神と魂が活性化された瞬間でした。およそ二年経つ今もなお、向き合うほどの変化がその時私に訪れました。全く驚くべきことです。

この人生を変えるような体験の後、私たちは世界中の仏教徒に大変馴染みのある儀式に招待されました。それは、マニ車に向かって祈りを唱えながら、仏陀の足跡をたどるというものです。全部で八十八個のマニ車があり、その一つ一つにお経が書かれています。一つ一つマニ車に触れていくと、自分がそのお経の叡智を吸収していくのが分かりました。仏陀のかけらを見たばかりの私にとって、この昔からの儀式は、意義深いスピリチュアルな意味を帯びたのでした。それは、一生忘れることのない、スピリチュアル的変化の瞬間だったのです。その時から世界を見る目が変わりました。私のアセンションの段階が変わったのを感じます。この意味を具体的に示すことはできませんが、変化はあったのです。

日本での経験を思う時、日本の方々のことを無視することはできません。日本の人々は大変親切で、思いやりがあり、いろいろな形で助けとなってくれる方々だと思います。

日本の文化には柔軟性があり、この土地は故郷だと私に思わせてくれます。私はそれを大変ありがたく思っています。

2018年
日本ツアー中のテリー

アシュタールへのインタビュー

アシュタールへのインタビュー

――レディ・アシュタールについて――

この物語を完全に明確にするには、アシュタールに話してもらうのが最もふさわしいでしょう。レディ・アシュタールについてほとんどの人が知っていることの多くが、実は、アシュタールの次元から私たちの次元をのぞき込んだ、アシュタールの視点からの話なのです。

テリーは何度か奇跡を起こしたことがあると、アシュタールが最近私に教えてくれました。そして、奇跡に関して言えば、アシュタールとテリーはとても近いので、誰が起こすかは問題ではないと説明してくれました。

私がこれらの言葉を書いている今も、アシュタールは私の近くにいて、言葉の選択を導き、全ての面で私が正直で正確であるよう促してくれているのが分かります。

この後の数頁は、テリー・サイモンズが語ったことではなく、アセンデッドマスターに聞いた、彼の「リトル・ワン（可愛い人）」についてのインタビューになります。

牧会学博士　ブライアン・K・グラハム

どうして、また、どのようにして
テリーをあなたの声として選んだのですか？

遠い遠い昔、私が愛の大使として宇宙を旅していた時のことです。私は、アルクトゥルス星で美しい女性と出会いました。彼女は好奇心が強く、私は彼女のことをとても愛らしいと思いました。その宇宙でも彼女は美しい女性でした。美しい女性に近づくのは、時に難しいものです。しかし私は彼女に近づき、そして彼女は温かい心で私を歓迎してくれました。

このアルクトゥルス人はちょっと違う、と私は思いました。二人で座って会話をすると、私の心が開き、彼女の心も開き、私はその知恵と知識にただ驚き続けました。このような美しい人が私の宇宙船に来て、仕事や情熱を共有できたらどうだろうと考えました。愛の情熱、平和の情熱、このように美しい誰かが私の伴侶となる時間と空間が全宇宙に渡って訪れることを求める情熱。私に似ている人。私と同じように話す人。愛の大使としての私に。

当時、私は肉体を持っていました。今はライトボディで、どこにでも居ることができますが。

彼女は私の心をつかみ、私は彼女を宇宙船に招待しました。彼女は来てくれ、そこに落ち着きました。美しい時代でした。私たちはよく話をしました。宇宙には、私が会話できる相手はあまりいませんでした。叡智、哲学、光、愛、喜びのあるシンプルな会話です――起こり得る全ての話と言ってもいいでしょう。素晴らしい時でした。

私たちは、他の人が知りもしないような物事や場所の話をしました。宇宙に対する私の懸念を彼女に告げると、彼女も同じ懸念を抱きました。それはとても重要なことでした。

私の仕事において彼女は聖職者となり、彼女と私が一緒に働くことはとても重要なことでした。そして、彼女は私にとって妻に当たる人となりました。私の世界には、あなた方のような結婚はありません。あなた方の結婚は宗教に基づいていますが、私の世界では宇宙、または神に基づいています。パートナーを持つ――妻、夫を持つということは、自分に似た人、共感できる誰かを選び、その存在、その愛のエネルギーを自分の人生に迎え入れ、無限を創造するということです。

私たちは夫婦になり、同じ使命を共有しているのだと認識するようになりました。私たちは二人とも金星と繋がりがあります（私は金星人で、彼女は愛のエネルギーである金星のエネルギーそのものです）。それで私たちは宇宙を癒やすために共に働いたのでした。

彼女が一方へ出向けば、私はもう一方に出向きました。彼女は多くの心を動かす術を見出しました。私たちは共にどんどん成長し、ますます叡智を得ていきました。

彼女は再び肉体を持つ必要がある（彼女はすでにライトボディになっていました）と考える時に至りました。私たちの世界に死はありません。移行があるだけです。ライトボディへの移行です。地球とは見方が大きく違うのです。

彼女は地球という惑星を見て不安を抱きました。それについて私たちは何度も話し合いました。全宇宙で愛のあるところに平和がありました。私たちはそれについて話し合い、それが問題になりそうだと彼女が言い、私は同意しました。

私たちの愛は成熟していました。ああ、彼女は美しかった。私たち二人には非常にパワフルな結びつきがありました。あなた方の世界では、恋をすると、恋の火花が散るとか、恋の香りが部屋に満ちるとか言ったりするでしょう。私の世界では、それは単なる香り以上のもので、とても美しいものでした。

彼女が私に誓いを立てる時がやって来ました。彼女が「アシュタール、あなたに敬意を表して、私はあの惑星へ行き、あなたの代理を務めます」と言い、私が同意して受け入れました。彼女がそうすることは、私の意志でもあり、光栄なことでした。「あなたの声を届けます」と彼女がいい、私は彼女にこう言いました。「あなたは私の声を届けます。害を及ぼしてきた行いを改める、愛と平和のメッセージを時空にもたらします。愛を表現する惑星を創り上げるために」

彼女は、私の声となり、宇宙で最も美しいこの惑星へ行くことを光栄に思いました。私はよく地球はユートピアだと言いますが、本当にそうなのです。私は彼女に私の声というギフトを与え、私のハートの核を与えました。そして、彼女をサポートすると約束しました。彼女が道を進む助けとなるものを与えると。しかるべき時が来たら、どう話したらよいか教えると。必要なときに叡智を示すと。そして、地球の子供たちに愛のメッセージをもたらすために、地球という惑星で、人間の中でどのように行動すればよいか教え導くと。

私の前にひざまずき、彼女は私に心を差し出しました。私も私の心を彼女に差し出し言いました。「あなたは私が選んだ人です。あなたは地球へ何度も行くことになるでしょう。それらの人生の中で私たちは会うでしょう。私たちの愛がなくなることはありません。あなたは地球を愛すでしょう。あなたは十分に守られ、完全に人間として生きることになりますが、地球が地球本来の光に目覚め、地球と全人類が安全で喜びと愛と光の状態になったら、つまり、光の存在になった時には、私たちは一つとして歩んでいきますよ」

私は言いました——「私はロード・アシュタール。あなたはレディ・アシュタール。これから長い時をかけて私のために働く間、レディ・アシュタールと名乗りなさい。いかなる時も、あらゆる面で私を表現するのです。トランス状態で、話の中で、行動の中で、人間として存在する中で——あなたは私を表現するのですよ。あなたの安全は守ります。ガーディアンを送りましょう。あなたを見守ってくれる人を送りましょう。あなたがこの使命のなかで成長するとともに、ガーディアンも強力になっていきます。だから、私の言葉が大勢の人に届くようになっても、あなたは安全です」

こうして彼女は、愛と純粋さと真理と敬意と共に、その使命を受け入れ、私に誓いを立てたのでした。私が彼女を守り、ここ地球上で現在彼女が歩んでいる道へと導く代わりに、彼女は私に彼女の霊的生涯を捧げたのです。

彼女が「レディ・アシュタール」を名乗り続けている間、彼女を称え、私の感謝の気持ちがラブソングのように宇宙中に響きわたります。

他にあなたと共に働いている人はいますか？

レディ・アシュタールという名前を使ったことがある人は他にもいます。そのうちの一人が、私のリトル・ワンがレディ・アシュタールの名を使い始めた時に大変怒りましたが、彼女は自分の名前を変えました。私のリトル・ワンが他の名前を受け入れることは決してありません。そこに本物であることが見て取れるでしょう。

彼らの中には、私をチャネリングしていない者もいます。他のソース（源）から情報を得ている者もいれば、偽者から情報を得ている者もいます。それは悪いことではありません。誰も傷つかず、人々がそのメッセージを受け取って成長するのであれば、何も悪いことはありません。人間はメッセージの真意を受け取るものです。人類にとってポジティブな愛のメッセージをもたらすのであれば、何も悪いことはありません。

本当に私をチャネリングしている人たちもいます。その方々に「おめでとう」と言いましょう。彼らはそれぞれ違う集団やグループに働きかけ、その集団にとってパワフルな言葉で話しかけています。

私のリトル・ワンが人類全体に話しかけることが現実になるかもしれません。それは大いにあり得ることです。

私をチャネリングし、私と密接な繋がりのある人たちがいます。彼らの中には、私の上官だった者もいれば、私の下で働いていた者もいますし、私がつくった「地球の光プロジェクト」の一員だった者もいます。スターシードもいるかもしれませんが、彼らは私のリトル・ワンのために、レッドカーペットを準備してくれています。何が起こっているかというと、彼らは私の名前を広めているのです。

私は様々な形で彼女の元へ来ることができたはずです。私たちは「My Keeper」を試しました――これは、イエスと捉えられる可能性がありました。「Adanai」も試しました――これは、神と捉えられていたでしょう。私たちはこれらの違う名前を試してみましたが、それらは彼女にはフィットせず、彼女は私が遠い昔に与えた名前――レディ・アシュタールを名乗る必要があるのだということが見て取れました。それは、彼女がそう覚えているからです。エネルギーレベルで、細胞レベルで、それが鍵だったのです。それが「黄金に輝く光の扉」を開ける鍵なのです。それは神の光の叡智を迎え入れる扉を開きます。あなた方の惑星を包むために、人類を包むために、人々の集まりを包むために。

私は、私に与えることのできる最も偉大な名前――「Adanai」を彼女に与えましたが、エーテル体レベルで彼女に合いませんでした。きっと今でも彼女は言うでしょう、「神のチャネリングなんてできない！」と。しかし、誰かエンティティ（存在）をチャネリングすること――宇宙船の司令官については分かりませんが――それも結構なことです。彼女は私をアセンデッドマスターとして見ていますから、誰か他のアセンデッドマスターの名前でもよかったのかもしれませんが、それでは、また違う問題が生じるでしょう。

あなたがセント・ジャーメインのことを思う時、あなたはヒーラーの世界にいます。レディ・ナダのような存在を思う時は、関係を強めることに焦点を合わせた世界にいます。もしあなたが大天使ミカエルの世界にいるなら、それは守護の世界です。私？　私の名前は、あなた方ほとんどにとって、あまりに馴染みがないので、私はエンティティ（存在）です。あなた方の中には、私を司令官アシュタールとして知っている方もいますが、多くの方は私のことを、肉体を持たないE.T.（地球外生物）で、この惑星に変化をもたらすことができるスピリチュアルな存在として見ています。私は希望をもたらします。エネルギーをもたらします。この惑星に光をもたらします。私は救済者になれます。母艦に地球まで来させて、地球を愛で包み込み守ることができます。私はガーディアンになれます。私が彼女の名をレディ・アシュタールとしたのは、彼女が私の妻に当たる存在だからです。それは今でもそうです。彼女は、地球と人類のガーディアンであり守護者として、その名前を受け入れているのです。

はっきり申し上げておきましょう。私は本物のアシュタールです。私は、彼女がチャネリングする本物のエンティティ（存在）です。他の一人ではありません。

ということは、他にあなたを
チャネリングする人がいるのですね？

彼らは、私だと信じているものをチャネリングしています。それには正当性があります。彼らが繋がっているのは、私とかつて繋がったことがあると思っているどこかのボブかもしれないし、実際に私と繋がっていたジョアンかもしれません。そこには正当性があります。ただお願いしたいのは、私の名前が使われているのなら、本当に私の叡智がもたらされていることを確認してください。

知られていることの全てが全てに知られている、宇宙の潜在意識のことを話しているのですか?

そうですね、そう言えるでしょう。宇宙の潜在意識――気に入りました。確かにそうです。

明瞭な意図を持って、光の中にいれば、その潜在意識は誰にでも集めることができます。宇宙の潜在意識は、宇宙意識の謎の学校のように保たれている秘密といったところでしょう。では、それについて考えてみましょう! それは、むしろ大ピラミッドの廊下を歩いているようなものです。そこには一面に文字が書かれていますが、それはどういう意味でしょう? 突然、「なるほど、そうか」となります。ごく一部を理解することができます。これが、ピラミッド的エネルギーの潜在意識と言えるでしょう。一方、覚醒状態にあっては、全てを理解することができるでしょう。私のリトル・ワンは、そこで私を受け入れ働いています。

テリーはこれまで地球上でどんな生まれ変わりをしてきましたか？

皆さん、偉大な生まれ変わりを聞きたがりますね。彼女は、エジプトでも、デルフィでも、アトランティスでも巫女だったことがあります。アトランティスでは、彼女が大陸が粉々になるビジョンを見て、他の巫女と一緒に皆に逃げるよう促しました。

アトランティスは一方の端がエジプトと繋がっていて、彼女は仲間を連れてエジプトへ逃げました。それで、彼女はエジプトに呼ばれているのです。

美しいレムリアでも、彼女は巫女でした。肉体を持たない時代には、様々な惑星にいたことがあります。男性として司祭であったこともありますし、チベットやスリランカで巫女だったこともあります。何度も何度も巫女としての人生を送っています。女王であったこともありました。初期イングランド時代の女王です。アフリカの女王でもありました。

彼女はまた、イングランドからオーストラリアへ「追放」されたこともあります。彼女が泥棒だったかって？　ちょっと違います。誤って身元特定されたのですが、好ましくないとみなされてしまったのです。彼女は今で言う霊媒師で、ビクトリア女王時代にスピリットを呼んでいました。

多くの生涯で教育者でもありました。ネイティブアメリカンの社会では、若い女性たちと働いていました。焚火の周りに座り、その女性たちに女性であることについての話をしました。彼女たちが神聖な月の位置を理解し、女性になる手助けをしていました。やがて彼女はシャーマンにもなりました。

出産を手伝う助産師だったこともあります。

平和な小さい国の王——有名ではありませんが——だったこともあります。優しく、愛情深く、今の彼女のようでした。とても愛されていました。

私たちがエアーズロックと呼ぶ場所で、アボリジニとして生きたこともあります。その岩は彼女を受け入れました。

美しいマチュピチュで女性として生きた時は、シャーマン的な役割を果たし、司祭長のような存在でした。そのコミュニティで最も強い女性と見られていました。

とても貧しかったこともあります——ジャングルに住んでいました——

が、家も食べ物もあり、大事にされていました。西洋の言葉で「貧しい」は経済的なことを意味しますが、いつも愛情面ではとても豊かでした。

女性だったことが多いですが、時には男性で、争いの時代には社会から頼られていました。

手相を見たり運勢を占ったりするジプシーだったこともありますが、いつも空を眺めていました。彼女の連れ合いは他の星にいると分かっていたからです。彼女は愛も憎しみも経験し、完全に人間でいることがどういうことなのか分かっています。

イエスの時代、彼女はユダヤ教エッセネ派の信徒でした。

あなた方はよく、偉大な台座の上にいること（尊敬されること）を重要視しますが、本当に偉大なのは、その台座を支えている人たちです。どうして？と疑問に思うことなく、毎日、同じ道、同じ道のりを繰り返し歩む人たちです。あなた方は愛の力の中に生きています。強く、健康に、家族と共に生きています。それは本当にパワフルなことなのですよ。

そして、私のリトル・ワンについて、聞かれたのでお答えしますが——多くの人生をとてもシンプルに生きてきました。人々がこの美しい日常生活を送る理由は、それが地球を支え、家族を支える愛の力だからです。全ては愛からなされているのです。

この働く人々、支える人々は、台座の上の人々と同じくらい、またはそれ以上にパワーがあるのです。なぜなら、大衆に向かって真実を声高に話すのは彼らだからです。彼らが、「新しいものを見つけたの、私と来て」と言って、救いの手を差し伸べるのです。彼らが、「たった今知ったんだけど、聞いて」と、コーヒーや紅茶やチャイを飲みながら、普通の言葉で伝えるのです。彼女もまた、このような穏やかなティーチャーの一人として、何度も人生を送っています。

彼女は二千回以上生まれ変わっています。潜在意識レベルには生かすべき経験が数多くあることでしょう。

レディ・アシュタールについて、人々に何を知ってもらいたいですか？

彼女は、トランス状態でも、セミトランス状態でも、または彼女自身の時でも、私を完全に表現しています。彼女はテリーとして生きています。それは疑う余地がありません。ですから、二つの存在がいるようなものです。しかし、テリーとしても、私を表現しています。それが誓いの一部でした。

人々にどのように彼女のことを知ってもらいたいかを考えると、主に知っていただきたいのは、私は愛の大使であり、彼女も、私の妻として、愛の大使になったということです。彼女は愛と平和のため、そして、この惑星のアセンションのためにここにいるのです。

人々には彼女の純粋さを見てもらいたいですね。彼女の内なる美しさを見てもらいたいです。彼女の心を知って、敬意をもって接したり見られたりする一種の純粋さの中に彼女を認めてもらいたいです。

彼女と一緒にいる時は、パワフルな光と共にいるのだと、光輝く明るいエネルギーと共にいるのだと気づいてください。食事を楽しんだりして彼女が彼女自身でいる時でも、彼女はその光を放っています。人々はそれを見て、それを知っていますが、どうしてかは分かっていません。人々は彼女ととても親しくなり、彼女もそれをとても喜んでいますが、彼女は群衆の中で目立っています。人々は何かを見ていますが、それが何なのか分かりません。人々は分からないまま、彼女についてそれらのことを見ています。彼女はずっとそうでした。

私は彼女を守り、注目の的にならないようにしてきました。彼女には、彼女のために計画した場所に進む準備をしてほしいからです。私たちは、地球にその準備をさせなければなりません。

彼女が、宇宙の愛の代表レディ・アシュタールとして知られることを望んでいます。お好みであれば、彼女のことを司祭長と呼んでもらってもいいですが、彼女にそれは合わないでしょう。宇宙の愛の大使と呼んでもらって構わないでしょう。

一番大切なのは、あなたの真実を生きること、心のままに生きること、愛の中に生きることです。それが、私のリトル・ワンがしていることなのです。

テリー・サイモンズへのインタビュー

テリー・サイモンズへのインタビュー

十一次元のアセンデッドマスターと仕事をするとはどういうものなのか、アシュタールが日々の生活の一部であるとはどんな感じなのか、これまで非常にたくさんの質問がテリー・サイモンズにされてきました。私がテリーにインタビューをし、彼女の生活について、トランス・チャネラーとしての彼女の仕事について、多くの質問に答えてもらいました。

あなたが瞑想に入って、アシュタールがあなたを通して話している間、あなたはどこに行くのですか?

瞑想に入ることを無の状態になるとよく教わりますね。ある程度そうなのですが、どんな感じがするかというと、できる限り——一般的な言葉で——的確な表現をするなら、ふわふわした美しい白い雲、美しい白い光の中に入っていって、その美しさの中に浮いているといった感じです。そこが、まず行く場所で、力が抜けて、宇宙の一部になったような感じがします。とても美しいものですよ。

チャネリングをする時、体に何か感じますか？

肉体的な変化はあります。「今から深呼吸をして瞑想に入ると、アシュタールが私の体の中に入ってきます」と説明して、深呼吸をし、内なる平和に入ります。リラックスして内なる平和に入っていくと、アシュタールの存在を感じます。自分を手放す感覚があります。手放すと、アシュタールが入って来るのを感じるといった具合です。彼が入ってくる時に感じるのは一種の振動です。彼の光、彼の存在、彼の次元を感じます。少し身震いするのを感じます。

彼が私の体の中に落ち着くと、彼がプラグを差し込むような感覚があり、それで繋がります。自分を手放しながら、最初の一、二分は意識があり、体がガタガタ震えるのを感じます。彼が入ってくる時は、彼のエネルギーが私のハートから入ってくるのを感じ、また、クラウンチャクラ（頭頂）から入ってくるのも感じます。そのエネルギーがセイクラルチャクラ（丹田）に届いて落ち着くと、アシュタールが私の中に落ち着いた感じがします。そして私はいなくなります。

そして、先ほどお話しした場所へ行きます。そこで私はいろいろなことをします。黙って静かにしている時もあります――静かで深くしっかりとした、実に良い瞑想状態といった感じです。しなければならない日常のことに取りかかっている時もあります。潜在意識が作動します。

時には天使と遊ぶこともあります。歌ったり、踊ったり、光の玉投げをしたり、天使の世界で遊ぶ喜びがあります。とても美しいものです。

戻る時は、エーテル界が増強される感じです。私はもう遠く離れたところにいるのではありません。呼び鈴が鳴って、「ああ、そうだ、しないといけないことがあったんだ！」と言う時のような感じで、自分の体に戻り始めます。そして、またギアを低速に戻します。

エーテルレベルで戻って行く先が見え始めます。見ているものは全てエーテルレベルです。私の知っている人の体——私の肉体ということですが——を感じます。私の肉体の密度を感じることができます。私の肉体のその密度に戻る時が交代の時で、その時、アシュタールは私を認識し、私は彼を認識します。それが、彼が出ていき、私が入り込む時です。彼に出ていってもらい、私が彼を表現するようになります。

船がすれ違うような感じですか？

そうですね、船がすれ違う感じです。その通りです。

あなたはレイキマスターですが、
それはアシュタールのチャネラーとして不可欠な要素ですか？

それは、私自身、自分に問いかけたことがある質問です。あの目覚めの六週間の間、私は週に一度レイキを受けていました。それは、どのように聖霊が人を通して話すのか、どのように不思議で深遠なことが私に起こるのかの良い実例となりました。

レイキを受けていた時、私はただ人々と共にいられる喜びで加わっていたのですが、毎週、私に驚くべきことが起き、それが私を目覚めさせてくれました。ですから、レイキは一役買っていますね。レイキは私のエネルギーを浄化し、アシュタールのチャネラーにとって妨げとなっていたかもしれない、現在・過去・未来における繋がりを解消してくれました。壁を打ち砕くように。けれど一番は、私のバイブレーションレベルを上げてくれたことでしょう。それによって、私はアシュタールを受け入れる準備ができたのです。

ということは、レイキマスターになったことによってアシュタールがあなたの中に入ったというより、アシュタールがあなたの中に入る過程でレイキマスターになったということですか？

むしろ、結果的にレイキマスターになったのです。あのヒーリングセッションの中で、My Keeper は私に進み続けるよう、そして、彼が私を導いてくれた人々から学ぶよう言っていました。それが、私を次のレベルへもたらすのだと。そういう意味で、レイキは本当に私のバイブレーションを強めてくれたのです。レイキマスターにならなければならなかったのか？　そんなことはありません。あのレイキを受けなければならなかったのか？　いいえ、そうでもないでしょう。けれど、私には恐怖を手放す機会を得ることが必要だったのです。

「恐怖を手放す」とは、どういう意味ですか？レディ・アシュタールでいることとどう関係するのでしょう？

手放し、神に委ねるというのは、全身全霊でマジックが起きるようにするようなものです。多くの人がそれについて尋ねるでしょう。「あなたの精神修行は何ですか？　毎日何をしているのですか？」と私に聞きます。それは答えるのが難しい質問です。なぜなら、修行ではないからです。それは人生であり、ライフスタイルであり、表現であり、心から生きること、愛から生きることなのです。手放し神に委ねるとは、自分のやり方から抜け出し、神があなたにマジックを見せられるようにするということです。マジックはあなたの周りでいつも起きています。喜び、悲しみ、絶望、美しさ、子供たちと一緒にいる親を見ること。感情体はとても大切です。

私たちには、五つの体があります——霊体、幽体、感情体、肉体、精神体です。感情体は、この地上で人間として生きていくうえで、本当に重要なものです。私たちはこれを使う必要があります。怒っていいのです。悲しんでいいのです。苦悩を感じていいのです。ネガティブな感情を感じていいのです。幸せを感じてもいいのです、調和の中に、愛の中に、喜びの中に。

手放して神に委ねるとは、あなたの周りの世界を受け入れること。その表現の一部になり、その価値の一部になること。制限も思い込みもない目で物事を見るということです。神の目から見れば、私たちは絶えず存在すると認識することです。エゴから、また、支配したいという欲求から一歩離れられることです。エゴから一歩離れて、神を私たちの人生に受け入れる時、その美しさ、その喜び、その愛、私たちが目の当たりにするものは、魔法のように魅惑的です。人生の価値が、その表現のなかで非常に深まります。

チャネリング以外に、アシュタールがあなたを通して何かしたことはありますか？

彼は、他の人を通して私にメッセージをくれます。そうすれば、私が注目するからです。私が知る必要のあることを他の人に言わせて私に聞かせます。幾度となく、人々がやって来ては、全く突拍子もないことを言います。私は、質問すらしなくていいのです。人々は私のところへ来て、私が今歩いている道、または次に進む必要のある道にまさにぴったりのことを言うのです。夫マイクの葬儀で、一人の女性が私のところにやって来て、「私が準備したら、日本に行きますか？」と聞いてくれたから、今、私は再び日本へ向かっているのです。それまでは、日本へ行くことになるとは思ってもいませんでした。

私はわりと無邪気に、思い込みなく人生を歩んでいるので、身の周りで起こることをそのまま受け入れています。そのおかげで、例の「なるほど、そうか！」という瞬間が多々あります。洋子さんが私のところへ来た時、日本へ行くことが私の考えの中にあったわけではありません——たくさんの日本の方を相手に働いてはいましたが。日本の方々と働く扉を開くために、洋子さんを私の元へよこしたのはアシュタールだと私は信じています。アシュタールは、物事を実現させるために、他の人を通して私に話しかけます。それが、私の関心を引く一つの方法だからです。手放して神に委ねましょう。バスは神に運転してもらえばいいのです。私がすべきことは聞くことだけです。

アシュタールと共に働くようになって、あなたの中の一番大きな変化は何でしたか？

一番の驚きは人々です。人生の変わりようです。船上で暮らす「ヨット族」から、学校教師を経て、宇宙の叡智の魅惑的な世界へと移ったのですから。私の人生がどのように変わっていったのかを思う時、私は出会った人々のことを考えます。どうやって、私のパブリック（公の）ファミリーがこれほど美しく、これほど大きくなったのかを。私は、物事を当然のこととあまり考えません。全てに神の存在を認めています。それは、人生を作り上げる全てのものに、より深い美しさと愛をもたらします。

アシュタールと共に働いていて、怖いと感じたことはありますか？

いいえ。興味深い質問ですね。アシュタールが初めて私と融合したいと言った時、私の質問は、「これは、私にとって最高で最善ですか？」でした。そして、最後の質問は、「それは痛いのですか？」と「融合って、どういう意味ですか？」でした。そこには、ちょっとした躊躇と、自分の人生が大きく変わろうとしているのだという自覚はありました。私の知らない変化です。私は、知らないことに対しては、少々不安になります。テリーとしては、十分に情報がなければ、自分自身について、自分の周りについて、自分の人生について、多少は確信が持てなくなり、自信がなくなります。彼が「あなたと融合したい」と言うのを聞いて、若干の疑問と不安を感じました。だから彼は「ジョンを呼んできなさい。彼をあなたの向かいに座らせなさい」と言ったのです。そうすれば私が、私は安全で全て大丈夫だという安心感を得られるからです。恐怖感というより、不安感を抱いたのはこの時だけです。

（当初は）個人セッションに来られる方で、その方の目的に疑問がある場合は、意識のある誰かに同席してほしいと思うことがありました。当時は、それはジョンでした。今であれば、もし電話をかけてきた方の動機に私が疑問を持った場合は、同席してもらうのはブライアンになるでしょう。私がそういう印象を受ければ、アシュタールは「その人が来たら、誰かに同席してもらいなさい」と言うでしょう。こういう時、心配はします。どこかの時点で実際に怖かったというようなことはありません。私は保護されている、私は神の仕事をしていると知ることで、恐怖は完全に消えます。私は見守られています。アシュタールと共に働く時、恐怖は全くありません。

あなたがトランス状態の時に、アシュタールのふりをした偽者があなたに入ろうとしたことはありますか?

トランス状態で働くようになってから、アシュタールはいつも、それが私の知っているアシュタールであるという合図を送ってくれるようになりました。私の中に入ってきて私を通して話している十一次元のアセンデッドマスターだという合図です。常に私が、私の知っているアシュタールと話しているのだと分かるように、彼と私で取り決めたことがあるのです。

まだ初めの頃でしたが、アシュタールだと名乗る存在が入ってきたことが二回ありました。私の知っているアシュタールだと示そうと、真似をして二言三言話すのですが、その言葉も正しくないし、本質も違う、エネルギーもずれていて、声も違いました。その存在が必死になればなるほど、本物から離れていくのです。私が中断して、「ここの主導権は私にあります。今すぐ出ていっていただきたい」と言うと、宇宙の法則でその存在は出ていくしかありませんでした。私は自分の体に戻って、態勢を立て直し、再び私の知っているアシュタールに入ってくれるよう頼みました。それで、今では合図の言葉があるのです。私に入ってくる時、アシュタールは毎回同じ言葉を使います。この合図には二つの意味があります。一つは、私にフルトランス状態に入る時間を与えること。もう一つは、それによって、私の知っているアシュタールだと確認できることです。

最近のことですが、私がフルトランス状態でクライアントの質問に答えていたところ、「私じゃない、私じゃない、私じゃない」と、アシュタールがエーテル界から私に言うのです。自分の体に戻って分かったのですが、そのクライアントは、アシュタールをチャネリングしていると言っている他のチャネラーからのエネルギーを連れてきていたのでした。そうかもしれないし、そうじゃないかもしれない——私は、判断はしませんが、それは、私の知っているアシュタールではありませんでした。十一次元の愛の大使ではなかったのです。私は、その存在に出ていってもらい、私の知っているアシュタールを迎え入れました。

共に働く存在のエネルギーを理解することは非常に重要だと思います。この時の存在が悪い存在だったと言っているわけではありません。私が知っているアシュタールではなかったのです。そのメッセージは曖昧ではっきりせず、アシュタールから感じられるものとは違っていました。

あなたは他の存在もチャネリングしますか?

私がチャネリングを始めた時、メッセージを受け取り始めた時、メッセージを求めて自動書記を始めた時、ものすごく騒々しくなったのです。まるで、巨大な観客席の真ん中に立っていて、全員から同時に叫ばれているようでした。私が「私は人間だから、一度に一人の声しか聴けません。誰か私のゲートキーパーになって!」と言うと、「私がやりましょう」と、アシュタールが現れました。このようにしてアシュタールは、私が呼び掛ける存在となったのです。アシュタールが私の第一の存在です。彼は私のゲートキーパー役を務めてくれています。教えてくれるのは彼ですし、叡智のほとんどを彼が授けてくれます。彼は宇宙の叡智を届けてくれますが、もし誰かが他の存在と話したいと思い、アシュタールに大天使ミカエルやメタトロンや他の誰かを連れてきてほしいと頼めば、アシュタールはその存在を呼びに行き、連れてきます。ですから、質問の答えはイエスですね。私は他の存在もチャネリングします。アシュタールが適切だと認めた場合のみチャネリングするでしょう。

ということは、あなたが彼らをチャネリングするのですか？
それとも、アシュタールが彼らをチャネリングするのですか？

私が彼らをチャネリングします。アシュタールはゲートキーパーです。彼は、私がチャネリングできるように、彼らを私のところに連れてくるのです。私は全てのヒエラルキー（体系）をチャネリングします。人間のヒエラル

キー、天使のヒエラルキー、エレメント（要素）のヒエラルキーがありますが、私はその全てをチャネリングできます。亡くなった方や、今から生まれてくる方を呼び入れることもあるでしょう。アシュタールが私のゲートキーパーです。私がトランス状態に入る時はアシュタールを呼び、彼が私の肉体を見守りケアしてくれます。ですから、その観客席の中に何がいても、圧倒されることがないのです。

五つ、六つの存在を迎え入れるチャネラーもいますが、あなたにもできますか？

できます。けれど、常にアシュタールを第一のガーディアンとしています。

彼が私のゲートキーパーで、私が信頼するのは彼なのです。私は安全で大事にされていて、彼が私を見守ってくれ、私に入ってくる他の存在が本物であること、彼らが信頼できる存在であること、偽者でないことを確かめてくれるのを私は知っています。今ここで大天使ミカエルを呼んで直接迎え入れることもできますが、それは、アシュタールが私の側にいて守ってくれていると知っているからです。アシュタールが私を見守り、私が抜け出ている間、私の肉体をケアしてくれていることを私は確信しています。

意識がある時に誰かが私のところへ来て、「私のガーディアンはサナンダです。今サナンダは私に何と言っていますか?」と言ったとしたら、私は直接サナンダのところへ行くことができますし、いつでも、どの存在でもチャネリングすることができますが、それは、アシュタールが私のゲートキーパーで、私はいつでも安全だと分かっているから、心から自分を手放すことができるのです。

カンザスで目覚めを体験した後のことで、何か変えることができるとしたら、それは何ですか？

外部の世界から隔絶していた日々です。今なら違ったやり方をします。何とか道を見つけて進み続けるでしょう。しかし、そうは言っても、あれもまた完璧になされたことであったことを私は知っています。当時、私の仕事は安定し拡大していました。隔月でニュースレターを出し、それが雑誌になりました。アメリカ各地に出向き、アシュタールを興味深い場所に連れて行きました。それは本当に刺激的な時でした。それでも、私の選択に意味があったことは分かっています。あの時はそれで良かったのだと分かっていますが、もしやり直せるとしたら、ふさわしい人に私の人生に来てもらって、私の手を取り、「テリー、前に進み続けましょう。私があなたを元気づけましょう。あなたの安全を守りましょう」と言ってもらうでしょう。

ジョンを亡くした時、私は安全だと感じられませんでした。守られていると も感じませんでした。誰も助けてくれないと感じていました。脆く傷つきやすい状態だったのです。悲しみのあまり私の人生に起こっていた悲劇を通り抜ける道を見つけられずにいました。もう一度最初からやるなら、そこを変えるでしょう。

アシュタールがあなたの中に入る時に使うあの石の意味は何ですか？
また、アシュタールが手をテント状にして指を曲げる時、
彼は手で何をしているのですか？

　瞑想を始めた頃、私は自分が大量のエネルギーを取り込んでいることを知りました。これは珍しいことで、大抵の人は、瞑想すると、静かなエネルギーの中に入って行くものですが、私の場合は、とても高いバイブレーションの中に入って行くのです。とても高いバイブレーションの中に入るので、グラウンディングを助ける何かが必要なことが分かりました。あの石がまだなかった時は、バイブレーションの高い瞑想に入ると、人々が時に「クエイキング（震え）」と呼ぶものを経験したものです。それは一種の軽い痙攣のようなものです。

　初めて My Keeper と働き始めた頃、私たちは船の上で暮らしていて、あの巨

大な石を持ち込んだのです。それはボルダーではありませんでしたが、それに次ぐものでした。それを船まで持ち込んだわけですが、船上のサロンほどの大きさがあるものでした。一番目につく場所に置いて、そこで瞑想をしていました。この巨大な石は、私のバイブレーションをアシュタールに合わせる、つまり、アシュタールと私が難なく交われるレベルにまで上げる時に、私の肉体をサポートしてくれるものでした。それは余分のエネルギーを地球にもたらし、地球を癒やしました。

そんなことはしなくてもよかったのかもしれません。アシュタールに彼のバイブレーションを下げるように言うことだってできたのです。だって、私は人間なのですから。バイブレーションが私を傷つけることはありませんが。けれど、私は知っていたのです――意識レベルではなく、他のレベルで――それが起こるべきことなのだと。そのクイックニング（加速）は起こるべきことだったのです。その石の上に足を置いて瞑想すると、瞑想の間、バイブレーションを安定した状態で保つことができました。アシュタールは、私の肉体的バイブレーションを彼に合うレベルに上げる必要があると言いました。私は、私の体が対応できるレベルにまで、彼のバイブレーションを下げるよう頼みました。

私たちがあちこち旅をするようになって、私は、石を身につけたり、石を持ったり、グラウンディングを助けるあらゆることをしました。それらは、クリスタルではありません。川の石や地上の石で、単に私のグラウンディングを助けるものです。今では、手のひらサイズの小さな石を使っています。この石は、私がグラウンディングし、アシュタールに百パーセント身を任せることができるよう手助けしてくれます。この石を持っていると、アシュタールが私のバイブレーションを引き上げている間も、バイブレーションを正常に体の中心に保つことができます。それはグラウンディング・ストーンで、私のバイブレーションを最高レベルまで引き上げ、アシュタールが私により多くのバイブレーションを注ぎ込めるようにする石です。これで、アシュタールは彼の仕事に取りかかれ、私を最高レベルまで引き上げると同時に、余分のバイブレーションは地球に与えることができます。地球により高いバイブレーションのエネルギーを注ぐことによって、地球全体が愛――愛の大使としての彼のヒーリングエネルギー――を経験できるのです。

ひとたび私が完全に自らを解放すると、アシュタールは石を置き、指の先を合わせ、手を振ります。そうすると、両手の間でバイブレーションが脈打ちます。彼は、私の体が対応できる以上の高いバイブレーションを私の体に注入するので、その過剰な宇宙の愛のバイブレーション、または、育むバイブレーション、つまり宇宙の本質が、この手の動きによって、地球と人々へともたらされます。この高いバイブレーションは、全ての人が受け取れるように地球中に広まります。

アシュタールと共に働く中で、最も難しいことは何ですか？

アシュタールと働くのは簡単です。スピリチュアルレベルで彼の世界の一員でいることはずっと簡単なことでした。難しいのは、それを公言することです。トランス・チャネラーであると表明すること、それを公にすることです。アシュタールと働くことは、自然なことだと思っています。なぜなら、私はこのギフトを以前からずっと持っていたからです。それを受け入れていませんでしたし、よく理解してはいませんでしたが、常にこのギフトは持っていました。アシュタールが私の元へ来た時、私がかつて天使の声だと思っていた声が、名前を持ち、人格を持ったというだけのことです。しかし、その公的な側面には困難が伴います。人前に出ていって、「私はアシュタールをチャネリングします」「私はトランス・チャネラーです」と言うこと。それが、私にとって難しいことでした。人々は批判的で、私がやっていることの誠実性を聞こうとしません。私には人々の批判が感じられるということです。それを乗り越えるのが最も難しかったと思います。

一日中アシュタールのチャネリングをして疲れることはないのですか？

答えはノーです。疲れません。チャネリングは私を元気にしてくれます。三十分の休憩二回だけで、朝の九時から翌日の午前三時までチャネリングしたことがあります。その間ずっとチャネリング状態でした。それから寝て起きて、九時にまた開始し、二回短い休みを取っただけで、夜十一時まで続けました。その翌朝も九時から始め、一度休憩して五時までやりました。それから車に乗り込んで、その夜十一時頃まで車の中でチャネリングしました。

その時に、疲れないことに気づいたのです。むしろ、チャネリングは私に活力を与えてくれます。エーテル界で自分が完全に表現されるという、本当の瞑想がもたらす、美しく幸せな体外体験を想像することができるなら、私が、その美しく静かな時間の後で、高いバイブレーションと共に戻ってくると言うのも、ご理解いただけるでしょう。チャネリング状態が長ければ長いほど、より高くバイブレーションは上がります。私は活性化された体に戻ってきます。生命力が高くなった体に戻るのです。それは、ただ愛と喜びの状態です。バイブレーション的に強められた平和の状態です。ですから、私が疲れることはありません。

あなたがアシュタールをチャネリングしていない時も、彼は常に存在していますか？

彼は常にいますが、私の生活に干渉することはありません。彼は、テリーとしての私が、ここ地球上で人間として充実した人生を送ることを認めています。ふざけることもできますし、大人の活動も楽しめます。私でいることができますし、それを楽しんでいます。インナーチャイルドを遊ばせることもできます。

私は彼がそこにいることを知っています。見守ってくれていることを知っています。質問すれば、彼はすぐに答えてくれます。彼のことを思えば、彼のエネルギーが完全にここにやって来ます。「常に彼は私と一緒ですか」という質問だったら、答えはイエスです。彼は、私が人間の経験をすることを認めています。彼の仮面の下に私を隠そうなんてしません。私がチャネラーとして呼ばれてスピリチュアルな仕事をする時、彼はもっとずっと近くに来て、私を包み込みます。けれど、私がテリーでいたい時――テリーとして人生に対応したい時――私が人間の経験ができるよう、彼は干渉しません。

彼があなたの意識に入ってきて、あなたに何か警告したり、あなたがしたであろうこととは違うことをさせたりすることはありますか？

頻繁にあります。私たちは誰にでも内なる声があると私は思っています。私たちを抑えたり、進ませたり、道理にかなった方向へ行かせたりする内なる声です。

ちょうど今朝、空港のターミナルを歩いていた時のことです。日本のある人に特別な贈り物を買おうとぼんやりと考えながら、ある店の前を通りかかりました。高級品店で、普段の私なら買い物をしないような店でしたが、「おや、立ち寄ったら面白そう」と思いました。けれど、そのまま通り過ぎました。すると、頭の中でアシュタールが「戻りなさい。あなたが探しているものはあそこにありますよ」と言うのです。私は歩みを止めて引き返して、まさしく私が探していたものを見つけました、それもセール中でした！　アシュタールが「戻りなさい」と割り込んでこなかったら、私は戻ったりしなかったでしょう。ですから、彼は常にいるのです。彼は、私を正しい方向へ前進させ続けもしますし、もし私が周囲や現実からずれていたら、ブレーキをかけもします。

アシュタールが絶え間なくいることは、
あなたの日々の活動にどのような影響を与えますか？

難しい質問ですね。なぜなら彼は私の内なる声だからです。私たちには日課があります。朝起きて、歯を磨いて、朝食を食べますが、アシュタールと共にいると、彼は私にいろいろなものを見せてくれます。彼が実際にものを指し示すほど近くにいると感じる時もあります。そうでなければ見なかっただろうものに気づきます。

昨日、郵便受けをチェックして振り返る時に、いつもと違う振り返り方をして、庭に咲く一本の美しいバラの花に気がつきました。もし、そんな風に振り返ってなかったら、そのバラを見なかったでしょう。彼は、私に世界の見方を教えてくれるのです。私にペースを落とす必要があれば、彼は私をスローダウンさせるでしょう。彼は私に手掛かりを与えてくれます。宇宙からのサインです。私の気を引く鳥の鳴き声――とりわけカラスの鳴き声が聞こえると、私は注意を払います。彼が私に何か見せようとしているのを知っているからです。彼は常にいますが、支配はしません。私を支配するのではなく、さりげなく私を導き、私に示すのです。優しいひと押しと抱擁で、私を後押ししてくれたりスローダウンさせてくれたりして、世界を美しく見る手助けをしてくれます。

どれくらいアシュタールと共に働いていくと思いますか？

無限に。遠い遠い昔、私は彼の妻に当たる存在だったということです。彼は、結婚がとても地球的なものだからと言って、私たちは結婚していなかったとは決して言いません。永遠の絆で結ばれることは、妻としているということでしょう。私が存在し始めた頃——ずっと昔、霊的存在として——私は彼の妻として存在していました。そして、彼と共にいること、地球へ行って彼の仕事をすることを誓ったのです。

これまで何十億年も彼と共に働いてきました。きっとこれからも、無限に彼と共に働いていくでしょう。アシュタールには計画があり使命があります。

そして、彼は私に使命を授けました。彼のメッセージを地球にもたらす使命です。（ここでテリーは立ち止まって、彼女の内でアシュタールが話すのを聴く）彼が言っています。「あなたを通して、大勢の人に話しかけましょう。世界に宇宙の叡智をもたらしたいのです」と。私にその意志がある限り――テリーとして、レディ・アシュタールとして――その叡智をもたらすと言っています。彼は、今回の人生とその先のたくさんの人生のことを示唆しています。テリーとして、私は最期までこれをやり続けるでしょう。

今のが、あなたが話している時に、アシュタールがあなたに話しかける具体的な例ですね？

そうです、完璧な例でしたね。彼は邪魔しているわけではありません。彼がここにいるわけではなく、私の物質世界の一部ではありませんが、彼ははっきりと存在しています。

トランス状態になってアシュタールが入ってきた後、
アシュタールが何を言ったか、
または、あなたの体をどう動かしたか記憶はありますか？

いいえ、ほとんどの場合、記憶はありませんし、ほとんどの時間、感覚がありません。けれど、ある時もあります。部屋の準備が整い、そこに誰がいるか分かっていて、自分がどこにいるかも分かっていて、エネルギーも分かっていれば、通常なら、私はそこからいなくなってしまいます。しかし、何か安心できないと感じることがある場合は、いつもほど遠くへは行きません。アシュタールは私を近くにいさせます。例えば、取りつかれた人を相手にする時のように、危険が伴うような場合もそうです。

私は、アシュタールと共に悪魔祓いをしたことがあります。どちらかと言えば、アシュタールが、私の体を使って悪魔祓いをしたのですが。こういった霊魂はとても邪悪な場合があります。そういう場合、アシュタールは、文字通り、私を近くに引き寄せます。私に状況を見させて、必要であれば、私に即座に体に戻って逃げられるようにしていてほしいのです。

私は、取りつかれた人たちから追い払われた存在を何度か見たことがありますが、彼らは邪悪で醜いものです。悪魔と言うのは躊躇しますが。なぜなら、私たちが話す言葉には一つ一つ意味があり、価値があり、バイブレーションがあるからです。私たちが話す一語一語がアファメーションになります。ですから、悪魔ではなく違う言葉を選びます。

質問は、通常のアシュタールセッション中、何があったか私に記憶があるか、でしたね。答えはノーです。トランス状態の間の記憶や肉体や行動の感覚は、一切ありません。その部屋で何があったのか私には記憶がありません。しかし、私の体に何か物理的な拘束――ひどい風邪をひいて、咳をしているとか――がある場合は、アシュタールが面倒を見てくれ、私はセッションのことは覚えていませんが、私が自分の体のケアをする必要が出てくるかもしれないので、彼は私を近くに置いておきます。

アシュタールがあなたをどう見ているか、あなたに教えてくれたことはありますか？

私が彼の妻として存在していたことを話す時、彼は、私にギリシャの女神のような姿を見せてくれます。どうか、うぬぼれの強い発言だと取らないでください。でもこれが、私をどう見ているか、彼が私に見せてくれるものです。彼は、女神アテナのような姿を見せてくれます。白く、流れるような衣装を着ています。真っ白というのではなく、シフォンのゆったりとした服です。明るい色の目と、長い髪——プラチナではなく、ブロンドっぽい白——をしています。今の私を見せる時は、彼は私を性別を持たない姿で見せてくれます。私がすべき仕事のために、性別なく私のことを見ているのです。

人生をやり直すことになっても、このチャネラーの道を選びますか？

もちろんイエスです。百パーセント、千パーセントイエスです。もう一度やるでしょう。これが私の地上での使命です。これが私のすべきことです。

謝辞

私の人生はずっとシンプルでした。時代の風に乗って人生も変わります。私にとっては、私の人生は例外なくとても普通に思えます――他の方にとっては、とても興味深いようですが。この美しい人生に貢献してくださった方が大勢いらっしゃいます。人生がどのように展開したかを考える時、これまで本当にたくさんの方々が支えてくださったのを感じます。

まずは、牧会学博士ブライアン・K・グラハムに感謝の気持ちを表したいと思います。彼の愛と、粘り強くこの本を書いてくれたことに対して。ここまで長い道のりだったことを私は知っています。この本は、私という存在について多くの洞察を示してくれました。私を、そして私の人生を信じてくれてありがとう。あなたは、私という存在の中で、また、レディ・アシュタールとしての公の人生で、私が分かち合っている愛を理解してくれています。この本は、多くの方の琴線に触れ、私のようにチャネリングしたい方や、普通でないのは神がそう創ったからだと知りたいと思っている方に希望をもたらすでしょう。その普通と異なる中に愛をもって立つことは、神を知ることです。

愛のプロセスを信じてくれてありがとう。この本であなたの愛を分かち合ってくれてありがとう。あなたの文学的才能は、多くの人にとって、追随する光です。

人生という旅の中で、私の家族は私に様々な側面を教えてくれました。母には、寛大に生きる——経済的な基準にかかわらず全ての人や物を受け入れる——道を示してくれたことに感謝しています。私の人生では、人それぞれの個性がさまざまな形で称賛されました。私たちの人生には批判が境界線を作ることがありますが、それは不必要なことです。認識不足から私たちは批判するのです。無条件の愛の中に立てば、全ての人々の中に優美さを見ることができます。私の宇宙意識に対する母の洞察力に感謝します。彼女は私に多くのことを教えてくれました。

お礼を申し上げたい方があまりにもたくさんいます。これまでの道のりは長かったですが、大変短くも感じます。数え切れないほどの方々が心に浮かびます。アシュタールファミリー&フレンドの美しい方々。あなた方は私のそばにいて、この道を私と一緒に歩んでくれました。あなた方の際限ない愛とサポートには、「神よ、愛情あふれるサポートに感謝します」と言う以外には、言い表せないほど感謝しています。

✴

謝辞

私が成長してこの仕事をするようになるために、愛情あふれる支援と信頼をくれた、ジョン・カニングハムにお礼を言いたいです。

フィリス・クークは、私にレイキと形而上学を紹介してくれました。あなたの洞察力に感謝します。

愛情あふれる手で私を導いてくれた、私のレイキマスター、ウェンディとレスリー。光と可能性について理解を深めるクラスに連れて行ってくれた、バーブとジム。

もっと続けたいところですが、そのリストはこの本より長くなってしまいます。ですから、申し上げた方もそうでない方も、愛情あふれるサポートをくださった皆さんお一人お一人に、心からの感謝を捧げます。この未知の世界へと歩みを続ける中で、たくさんの拡大成長する機会がありました。

洋子ヤマグチさんは、ある日、私のチャネラーとしての世界を広げる手伝いをすると申し出てくれました。小島由香理さんと穴口恵子さんからは、一緒に日本各地を巡る招待をたくさんいただきました。偉大なる世界の舞台でアシュタールの叡智を分かち合う機会を与えてもらったのです。消極的な私のやり方では、どうしたらそんなことが成し遂げられるのか分かりませんでした。洋子ヤマグチさんは、私とアシュタールを無事に日本へ導く扉を開くために、アシュタールが選んだ方です。扉を開いた彼女の先見と内なる目に感謝します。ライト・オブ・アシュタールの洋子ヤマグチさん、スタジオカーラの小島由香理さん、ダイナビジョンの穴口恵子さん、そして、その他大勢の方々、私にギフトを分かち合う機会を与えてくださり、また、光の星を創造する手助けをさせてくださり、心から感謝いたします。

アシュタールのチャネリングをする時、私の隣で通訳してくださる素晴らしい方々、彼女たちの助けなしに私の日本での仕事は成り立ちません。これまで素晴らしい通訳者と翻訳者の方々に恵まれてきました。その愛情あふれるサポートに、私は多くのことを教えてもらいました。皆さん、様々に個性的で、それぞれに強みがあります。あまりに多すぎて、全てを語ることはできませんが。

私が初めて日本の扉を開けた時、そこには美しい光が私を待っていてくれました。私の最初の通訳者、高橋美央さんは素晴らしい方でした。日本各地を巡って散策しながら私を助けてくれました。彼女のサポートが、私に一歩前へ進む勇気を与えてくれました。これまで通訳してくださった方、翻訳してくださった方全員が素晴らしかったのですが、もし美央さんがいなかったら、そして彼女の明るさがなかったら、これほど易々と日本が私の第二の故郷と思える安らぎは生まれなかったでしょう。

私をサポートしてくださった全ての方々に深く感謝し、心から申し上げます。「愛情あふれるサポートと優しさをありがとう。私の想像を超えるギフトをいただいてきました。あなた方の愛のこもったサポートで、私の心は愛で満たされています」

それから、私がコーディネーターと呼ぶ、陰のヒーローまたはヒロインの方々がいらっしゃいます。実際に人々と繋がり、その地にアシュタールとレディ・アシュタールが来ることを知らせる方々です。この素晴らしい方々が、私たちに代わって、どのくらいの時間を費やしてくれているのか想像もできません。あなた方の愛のこもったお心遣いには、深く感謝しています。あなた方の献身のおかげで私の成功があるのです。あなた方の努力がなかったら、今の私はありません。ありがとう。

そして、最も偉大な存在を忘れてはなりません。あらゆるレベルで私という存在を満たす宇宙の愛、その愛の大使、アシュタール。

聖霊に対する私の愛は圧倒的です。アシュタールのいない人生は想像できません。彼の愛あふれる支えと優しい導きで、私の人生は驚くべきものとなりました。

「ありがとう」と言うだけでは十分ではありません。「感謝しています」と言うだけでも十分ではありません。私の人生が聖霊とアシュタールに捧げられているということは、つまり、私の人生を皆さん全員に捧げているということです。アシュタールは、私の人生でそれほどの存在なのです。私たちは一つであると思う時もありますが、私たちが違う二つの存在であることを私は分かっています。私はとても人間的ですし、彼はとても霊妙です。この愛の旅で私を導いてくれた、彼の愛とサポートに感謝の気持ちでいっぱいです。

ロード・アシュタール、私は生涯をあなたに捧げ続けます。

そして、この世界をあなたの光へ導く準備のできた人々を助け案内するために、この光の道を進み続けます。私たち全員が一丸となって、この世界を神の愛で満たすことに取り組めば、宇宙と地球の光がアセンションを果たすでしょう。

Thank you！この二つの言葉で、私の日々は満たされています。これまで出会った全ての方々へ Thank you！ あなた方は、私に、自分の真実を生き、より良い世界を創造する勇気と愛をくれました。あなた方の愛情あふれるサポートと強さに感謝します。

愛と感謝をこめて

THANK YOU !!!

牧会学博士　テリー・サイモンズ、レディ・アシュタール

二〇一七年五月

訳者あとがき

「テリーさん」の愛称で皆から慕われ、毎年一年の約半分は日本各地を回りセッションをされている「レディ・アシュタール」ことテリー・サイモンズ博士。世界的なチャネラーでありながら、実際にお会いすると、その気さくで茶目っ気たっぷりなお人柄に誰しも親しみを覚えることでしょう。近年ますます多くの方がアセンデッドマスターであるアシュタールの声を求めテリーさんの元を訪れていますが、その人気は彼女のお人柄によるところも大きいのではないでしょうか。

本書には、テリーさんが夫である著者ブライアン・K・グラハム博士に語られたままに、アシュタールとの出会いや、幼少期から「レディ・アシュタール」として世界の舞台で活躍するに至るまでの半生が綴られています。いつも明るく笑みの絶えないテリーさんがこれほど波乱に満ちた半生を送られてきたとは想像し難いほどです。どれほど多くの痛みや悲しみを、そして同時にどれほど多くの愛や喜びを味わってこられたのかと思いを馳せることになるでしょう。

そんな驚くべき「レディ・アシュタール ストーリー」を一冊の本にまとめられたブライアン・K・グラハム博士に敬意を表します。そして、その翻訳という貴重な機会をくださったテリー&ブライアンご夫妻に深く感謝いたします。また、本書を世に出すことを可能にしてくださったClover出版の小田実紀編集長にも厚く御礼申し上げます。

そして最後に、本書を手にしてくださった読者の皆様に心より感謝をいたします。

二〇一九年十一月

シモンズ真奈美

著者

ブライアン K. グラハム
Brian K. Graham

牧師。スピリチュアル講師。アメリカ、日本をはじめ、世界各地で執筆・講演活動を行う。あらゆる状況において、我々全人類が共有する無限の可能性と人類の一体性を強調することに最も重きを置いている。

俳優・声優としての顔も持ち、映画、テレビ番組、インターネット作品などに出演。2015年アシュタールのはからいによりテリー・サイモンズと出会い、高次の愛を分かち合い、アシュタールのメッセージを共に世界に広めるため、以来二人でアメリカ、インド、ネパール、韓国、日本を巡り、アシュタールの教えをもたらしている。2017年結婚。大阪にて、日本のアシュタールファミリーに祝福されつつ神前式で挙式。

レディ・アシュタールに同行していない時は、南カリフォルニアの自宅で「レディ・アシュタール・インターナショナル」業務をこなす。

二人の子供と五人の孫に恵まれ、愛 —相手への愛・自分への愛・神への愛— こそ人生の核であることをよく理解している。

『レディ・アシュタール ストーリー』は、自身四冊目の著書である。

訳者

シモンズ真奈美
Manami Simmons

1970年福井生まれ。幼い頃より外国・英語に興味を抱き、高校卒業後は米国短期大学へ進学。

2006年オーストラリアに移住し、留学エージェントを立ち上げ、おもに日本人留学生のサポートを行う傍ら、自身もニューカッスル大学および大学院にて言語学を学ぶ。応用言語学TESOL英語教授法修士課程修了。大学では日本語教育にも携わり、日豪学生の異文化交流も支援。

これまで日豪両国において、長年にわたり国際ビジネスに携わり、ビジネス翻訳や技術翻訳、さらにウェブサイト、論文などの翻訳に従事。近年、出版翻訳にも意欲的に取り組んでいる。

2017年福井にレディ・アシュタールを招き、北陸初のアシュタールセッションを主催。セッションの通訳も務める。

現在は、日本とオーストラリアをベースに、翻訳者・日本語および英語講師・留学カウンセラーとして活動している。

装丁／冨澤 崇（EBranch）
校正協力／大江奈保子
本文組版／a.iil《伊藤 彩香》
編集・本文design＆DTP ／小田実紀・阿部由紀子

レディ・アシュタール ストーリー
テリー・サイモンズ、その波乱の半生を語る

初版１刷発行 ● 2019年12月19日

著者
ブライアン K. グラハム

発行者
小田 実紀

発行所
株式会社Clover出版
〒162-0843 東京都新宿区市谷田町3-6 THE GATE ICHIGAYA 10階
Tel.03(6279)1912 Fax.03(6279)1913 http://cloverpub.jp

印刷所
日経印刷株式会社

ISBN978-4-908033-49-0 C0011